# LE SAGE

## DANS

## LA SOLITUDE.

Imité en partie, de l'Ouvrage d'Young, qui porte le même titre.

*Par M. l'Abbé PEY, Chanoine de l'Eglise de Paris.*

## A PARIS.

Chez GUILLOT, Libraire de MONSIEUR, rue S. Jacques, en face de celle des Mathurins.

M. DCC. LXXXVII.

*Avec Approbation & Permission.*

# PRÉFACE.

Mon premier deſſein n'étoit d'abord que de donner la traduction du *Sage dans la ſolitude* du célèbre Young, en me permettant ſeulement les corrections qui me paroîtroient néceſſaires; j'étois dans la perſuaſion que le Public verroit avec plaiſir, en notre langue, les ſublimes penſées de cet Auteur, pour ſervir de ſuite à ſes nuits. Mais je me ſuis bientôt apperçu que parmi quelques belles penſées, il y avoit beaucoup d'endroits qui devoient être refondus, & d'autres en auſſi grand nombre, qu'il

falloit totalement fupprimer ;
que ce qui refteroit d'un Ouvrage déja fort court en lui-
même, ne feroit plus qu'une légère efquiffe, fans liaifon & fans
fuite. J'ai donc pris le parti de
faire un nouvel Ouvrage, où
en gardant les mêmes titres, le
même ton, & à-peu-près le
même ordre, j'ai inféré quelques
endroits qui m'ont paru dignes
d'être confervés ; & tel eft *le
Sage dans la folitude*, que je
préfente aujourd'hui au Public.

# LE SAGE
## *DANS LA SOLITUDE.*

Imité en partie, de l'Ouvrage d'Young, qui porte le même titre.

## PREMIERE MÉDITATION.
### Dieu créateur.

*Je leverai* ( Seigneur ) *mes yeux vers le ciel,* qui eſt *l'ouvrage de tes mains ; & je verrai le ſoleil & la lune que tu as créés* Pſ. 8, ℣. 4.

L'UNIVERS entier annonce un Dieu créateur. Les cieux & la terre publient ſa puiſſance : toutes les créatures portent, à leur ma-

B

qui en a réglé les productions, qui

niere, l'empreinte de son infinie
sagesse. Chaque étoile est un soleil : chaque rayon de lumiere est
un trait de feu qui grave son nom
éternel sur les voûtes du firmament. L'air, la terre & la mer sont
peuplés d'êtres vivans : tous ces
êtres sont organisés, suivant Ia nature de l'élément qu'ils habitent.
Quelle est la main qui les y a pla-
cés? qui en a déterminé les espe-
ces ? qui en a fixé le nombre, qui
a mesuré les espaces où ils sont
répandus, si ce n'est la main d'un
Être créateur ? Une masse aride
s'élève au-dessus des mers, sur des
bases inébranlables; qui en a posé
les fondemens ? Les vagues de
la mer frémissent au loin, un

maître souverain a posé un grain
de sable sur le rivage pour leur
servir de barriere ; il a dit à la
mer : *Tu viendras jusques-là* ; &
les flots de la mer viennent, en
murmurant, se briser contre les
bornes que la main du Tout-Puissant leur a prescrites. De hautes
montagnes, dont la cîme semble
menacer le ciel & braver la foudre, font jaillir de leur sein, des
sources abondantes, qui arrosent
nos campagnes, qui donnent aux
plantes la vie & la fécondité, qui
entretiennent dans elles, ce germe
imperceptible qui les ressuscite,
& en perpétue les espèces. Qui a
ainsi embelli cette masse informe,
qui l'a ornée de ses vives couleurs,

lui a preſcrit ſa marche, qui a aſ-
ſigné à chaque individu, la place
qu'il devoit occuper? Seroit-ce la
Nature? mais cette Nature, qu'eſt-
elle, elle-même? comment un aſſemblage d'êtres différens, ſans
volonté & ſans connoiſſance, pourroit-il ſe diriger par lui-même?
comment pourroit-il concourir au
même but? comment pourroit-il
agir ſi conſtamment avec tant d'ordre & tant de ſageſſe? La Nature
eſt donc animée d'un eſprit qui
n'eſt pas le ſien; elle eſt donc préſi-
dée par une ſageſſe ſupérieure, qui
eſt diſtinguée d'elle-même, & qui
commande à tout l'univers?

Des roches arides vont ſe perdre dans les gouffres des mers. Les

vaſtes plaines qui en tapiſſent les abîmes , ſervent de pâture aux habitans des eaux. L'énorme baleine, reine des mers, répand parmi eux , la terreur & l'effroi : elle ſe joue au milieu des flots qui luttent contr'elle ; & tous reçoivent, d'une main qui leur eſt inconnue, la nourriture qui leur eſt néceſſaire. C'eſt donc un Dieu créateur qui la leur a diſtribuée. Une infinité d'étoiles roulent autour de la terre ; & cette terre elle-même, n'eſt plus qu'un atôme. Quel autre que le ſouverain Maître des cieux, a pu les placer au firmament ? Quel autre a pu leur tracer une route certaine dans les airs , aſſujettir l'univers entier à

des loix conſtantes , & balancer
ſans ceſſe les forces & les réſiſtan-
ces avec tant de proportion , que,
malgré les révolutions continuelles
qui entraînent tout , qui renouvellent tout , il ſe maintient toujours
dans l'équilibre néceſſaire pour ſe
conſerver , & continuer la marche
qui lui eſt preſcrite ? Non , non,
il n'y avoit que ce Maître uni-
verſel , qui exerce un empire
ſuprême ſur tous les êtres ſortis
de ſes mains , qui pût ainſi commander à toutes les créatures &
s'en faire obéir. Qui oſeroit attri-
buer au concours fortuit de la matière , le ſuperbe Temple d'E-
phèſe ? & ſi ce Temple, qui n'é-
toit que l'ouvrage des hommes, ne

peut être attribué qu'à un ouvrier intelligent, seroit-on assez insensé pour vouloir que toutes les merveilles de l'univers ne fussent que l'ouvrage d'un aveugle hasard ? Il y a donc un premier Être qui a donné l'existence à tout, & qui ne peut avoir commencé lui-même. Telle est l'histoire de la création, & la premiere époque des annales du monde. Eh ! à quel autre serois-je donc redevable de ma propre existence ? Seroit-ce à moi-même ? Mais quel pouvoir avois-je donc sur moi, pour me donner l'être avant d'exister ? Je pense, je sens, je crains, je desire, je doute : d'où me viennent toutes ces facultés ? Mes organes semblent ne faire qu'une même chose avec ma volonté, & sont pourtant distingués de ce *moi* qui pense & qui veut. Je commande, & aussi-tôt une infinité de ressorts, de muscles, de molécules se mettent de concert en mouvement pour m'obéir. Je veux, & je vois, & je parle, & j'agis. Seroit-ce encore moi-même qui aurois formé ces organes, qui en aurois arrangé tous les ressorts, qui en aurois réglé toutes les proportions ? Comment exercé-je un pouvoir si absolu sur cette partie de moi-même, que je ne connois point ? Qui est ce donc qui fait entendre à mes organes ce commandement

intérieur, auquel ils obéissent sans
le connoître ? Quelle est donc la
nature de cet empire que j'exerce
sur eux , & que j'exerce par eux,
sur les corps qui m'environnent ,
sur une matière que je modifie,
que j'unis , que je sépare , dont je
dispose comme de mon propre domaine ? Par quelles loix , le corps
que je regarde comme mon propre
domaine , & les corps qui m'environnent , sont-il soumis au mouvement que je leur imprime ? Je
parcours les cieux d'un clin-d'œil ;
je parcours la terre & les siecles
par la pensée ; mille objets se présentent à mon esprit : je retiens
ceux-ci , je renvoie ceux - là ; je
m'occupe des uns , je néglige

A v

les autres : les premiers viennent en confusion , & je les
écarte ; je commande aux se-
conds, & ils arrivent. Seroit-ce
encore le hasard qui auroit réglé
toutes ces opérations, qui auroit
ordonné de si étonnantes merveilles ? Non, non ; & sans un premier moteur, le monde entier se
hât eroit de rentrer dans le néant.

Les agens que je mets en œuvre
au-dedans de moi, sont-ils fatigués
par un long exercice ? ils demandent du repos, & m'entraînent
avec eux dans un engourdissement
qui ressemble au sommeil de la
mort. Il faut qu'à mon tour,
je cède à leur empire ; mais
bientôt je rentre dans mon do-

maine, & ils sont encore tout
prêts à m'obéir. D'où m'est venu ce
nouveau pouvoir & cette nouvelle
existence ?

C'est ainsi, ô mon Dieu, que,
par ton pouvoir suprême, je puis
moi-même ce que je ne connois
pas; que, sous ta dépendance,
j'exerce un domaine que je ne
saurois moi-même comprendre.
Heureuse dépendance ! grand
Dieu, qui me donne le mouvement & la vie ! heureux empire,
qui peut seul faire ma félicité ! En
vain voudrois-je me souftraire à
cet heureux empire, tu règnerois
toujours sur moi, & malgré moi-
même. Tu règnes en père, sur des
enfans soumis : tu règnerois en

juge, sur un esclave rebelle ; tu
me livrerois à moi-même, tu
commanderois à ma conscience de
me tourmenter ; & livré à ma propre volonté & à mes remords,
errant de tous côtés, comme
dans une vaste solitude, rien ne
pourroit fixer mon cœur. J'in-
voquerois le bonheur, & le bonheur me fuiroit ; j'appellerois
la lumiere, & les ténebres me ré-
pondroient. Ah! c'est qu'il n'y a que
le principe qui m'a donné l'existence, qui puisse être la fin où je dois
trouver le repos. Mais hélas! pourquoi faut-il donc, Seigneur, que la
seule créature que tu as distinguée
par tant de bienfaits, soit la seule
qui résiste à ta volonté sainte? Pour-

quoi faut-il qu'elle fe ferve de tes bienfaits mêmes pour t'outrager, & que ce même enfant que tu regardes du haut du ciel avec tant de complaifance, devienne ainfi le plus ingrat & le plus coupable de tous les êtres fortis de tes mains ?

## SECONDE MÉDITATION.

### Pensées à mon réveil.

*Je te cherche, ô mon Dieu,
dès la pointe du jour.* Pf. 16,
y. 1.

DÉJA l'aurore annonce le père
de la lumière, & vient éclairer un nouveau jour : déjà elle
dore les voûtes du firmament,
& colore au loin les montagnes,
& la nature reparoît toute brillante des premiers rayons du
foleil. Toujours active, ô mon
Dieu, fous ta main bienfaifan-
te, elle n'avoit ceffé de travail-

ler dans le silence de la nuit ; & lorsqu'elle sembloit se reposer avec moi, elle me préparoit, par tes ordres, de nouveaux tréfors, destinés à de nouveaux besoins. Je lève les yeux vers toi, Père saint ; dès le réveil de l'aurore ; & je te bénis des tréfors que tu as versés sur elle pour m'enrichir. Ici commence une nouvelle carrière, & tous les mortels vont la commencer avec moi ; mais le jour qui m'éclaire ne ressemblera point au jour qui l'a précédé : la voie battue paroîtra la même ; ce sera aujourd'hui comme hier, un tissu de plaisirs & de peines ; mais la scène a changé. Les sociétés, les phisionomies, les cœurs des hommes, mon pro-

pre cœur, tout a éprouvé des chan-
gemens ; de nouvelles peines, de
nouveaux écueils, de nouvelles incertitudes, parfemés fur ma route,
vont fuccéder aux premiers, &
parmi tous les fentiers qui fe pré-
fenteront à moi, qui pourra m'é-
clairer & me garantir de ma propre foibleffe ? Toi-même, grand
Dieu ; oui tu feras toi même ma
lumière, mon appui & mon guide;
à chaque pas, ta Providence a
marqué mes devoirs ; & à chaque
pas, je confulterai ta loi fainte,
j'implorerai ton fecours pour accomplir ta volonté : & je verrai
finir le jour fans regret, quand
je l'aurai paffé fans reproche.

Mais ce jour que je vais commencer, le verrai-je finir ?

Que de mortels ont passé cette même nuit, du sommeil à la mort, du tems à l'éternité ! Aucun de ceux qui ont disparu de dessus la la terre, ne reverra plus la lumière, & ne sortira du tombeau , que lorsque l'astre qui m'éclaire aura perdu sa clarté. O vous qui étiez hier ce que je suis aujourd'hui , & qui êtes aujourd'hui ce que je serai demain , vous dont les grands projets se sont évanouis sur le bord de la tombe ; vous qui avez senti, pour la premiere fois , vos membres se glacer ; vous qui savez par expérience ce que c'est que mourir; ô vous citoyens de l'éternité , dites-moi quelle est la demeure où vous venez d'entrer ? Quelles sont vos penſées ſur la demeure que vous avez quittée ? Hélas ! vous n'êtes plus, & vous me parlez encore. Une voix lugubre ſe fait entendre du fond de vos tombeaux : un ſeul mot reten- tit à mes oreilles ; *l'éternité.* Mais quel eſt donc le nouveau ſoleil qui vous éclaire, quelle eſt cette nouvelle vie que vous avez commencée ? *L'éterni- té.* Eh ! votre grandeur ? eh ! votre gloire ? *L'éternité.* Eh! la durée de vos deſtinées ? *L'éter- nité.......* O éternité ! tu reſtes donc toute ſeule avec l'homme, lorſque les tems ſont paſſés ; & bientôt les tems ſeront paſſés pour moi. Bientôt je n'exiſterai plus fur la terre des vivans ; bientôt je ne ferai plus rien que dans cette éternité , qui va commencer pour ne plus finir. Ceux qui m'ont précédé font arrivés à leur terme , leur arrêt eft prononcé ; ils font pour toujours , fous la main toute-puiffante du Dieu qui les a jugés : & moi je chancelle au bord du rivage ; l'éternité qui vient de les engloutir, va m'engloutir à mon tour. Un éternité de bonheur ou de malheur , quelle effrayante alternative ! oui, grand Dieu, tu feras un jour mon juge, mais tu es aujourd'hui mon père ; en prolongeant le cours de ma vie , tu m'as promis le fecours de ton affiftance, & je pourrai tout avec ta grace. Envoie ton ange devant moi pour veiller à ma garde. Que je ne marche plus fur la terre fans regarder le terme où je vais aboutir ; que je ne m'occupe plus que du defir de te plaire ; que je ne fois plus effrayé que de la crainte de t'offenfer ; que je ne reprenne mes travaux que pour faire ta volonté fainte ; que je ne jouiffe de tes bienfaits que pour les faire fervir à ta gloire ; & que je vive aujourd'hui, comme fi le jour qui vient de commencer, devoit être le dernier jour de ma vie !

# TROISIEME MÉDITATION.

## Dieu éternel.

*Tu as fondé la terre, Seigneur ; & les cieux sont l'ouvrage de tes mains. Ils périront, & tu demeureras ; ils vieilliront comme les vêtemens........mais tu sera toujours le même ; & tes années seront éternelles. Pf. 101, ℣. 26, 27. 28.*

Tour périt dans l'univers : Les beautés de la nature passent & se renouvellent ; les générations passent & se reproduisent ; les peuples & les Empires passent avec elles ;

l'homme lui-même paſſe tous les jours ; ſes penſées, ſes deſirs, ſes projets s'évanouiſſent ; ſon corps, qui dépérit en détail, ſe renouvelle ſans ceſſe, & forme à la fin un corps nouveau. Cette ſucceſſion continuelle de tout ce qui exiſte ſur la terre, m'avertit que, rien n'étant ſtable, tout doit avoir commencé : que le premier Être qui a donné l'exiſtence à tout, ne peut avoir eu de commencement lui-même : que cet Être, de qui ſont émanés tous les dons, doit renfermer les perfections de tous les êtres dans la ſublimité de ſa nature, & la durée infinie des tems, dans l'éternité de ſon exiſtence ; dans cette éternité qui étant infinie, ne peut ni souffrir d'accroissement ni admettre de succession, dans ce présent immuable, dans ce présent indivisible par essence, où il ne peut y avoir ni passé ni futur, où tous les tems sont également présens ; dans cette éternité dont la raison me démontre la nécessité, & dont je ne comprendrai jamais la nature. En vain pour m'en représenter une légère image, j'imagine des millions de siècles ; en vain je les multiplie autant de fois qu'il y a de gouttes d'eau dans la mer, & de grains de sable sur le rivage ; toujours à une distance infinie de l'éternité, il me reste toujours une durée infinie à parcourir. Cette éternité semble re-

culer à mesure que j'avance ; &
plus je multiplie, plus je m'éloigne en effet de son unité. Mais
qu'est-ce donc, ô mon Dieu, que
ce tems qui marche toujours devant
toi, sans jamais avancer dans ton
éternité ? Je le vois, armé du
glaive de ta puissance, parcourir
la terre ; exercer un souverain domaine sur tout l'univers ; frapper
de tout côté les cédres du Liban ;
comme la fleur qui vient d'éclore ;
la cabane du pauvre & les palais des
Rois ; renouveller, détruire, renverser, poursuivre sa course avec
la rapidité d'un éclair ; élever ses
trophées sur les débris des trônes &
des Empires : arrivé aux portes de
l'éternité, le voilà qui s'arrête & qui
disparoît

diſparoît en ta préſence. Toi ſeul, aſſis ſur les baſes immuables de l'immortalité, tu domines ſur le tems, comme ſur tous les êtres ſoumis à ta puiſſance : & de ce *pré-ſent* éternel, qui eſt le lieu de ton repos, de ce centre immobile d'où tout naît, où tout aboutit, où rien ne paſſe, où rien n'arrive, où tout eſt, où tout ſera éternel-lement préſent ; de ce préſent éter-nel, auprès duquel la durée des ſiècles eſt moindre encore que le moment paſſé, tu étends la main ſur le néant, & tu crées ; tu com-mandes à la terre & aux cieux, & ils obéiſſent ; tu imprimes à tous les êtres, le caractere de ta ſageſſe; tu donnes à tous, le mouvement &

la vie; tu en regles les opérations &
la durée , & tout change à cette
volonté éternelle qui ne change
point. Que sera donc, grand
Dieu , dans cette éternité incom-
menfurable , où tous les tems ne
font rien , que fera le court efpace
de ma vie, que feront un jour
tous les fiècles à venir ? hélas
rien de plus que les fiècles qui font
paffés, & que l'inftant qui vient
de finir. Mais le néant me fait frémir : mais la feule vue de la mort,
image du néant, m'épouvante. Je
fens au-dedans de moi, un defir invincible de vivre; & ce defir,
qui n'eft que l'amour de moi-
même, ce defir vit dans le cœur
de tous les humains. Il faut que
l'homme lors même que le

désespoir l'arme contre lui-même, fasse violence à son propre cœur : le bras levé, le glaive en main, il frémit, malgré lui, du coup qu'il va se porter ; & le désespoir qui le met en fureur, ne peut encore étouffer dans lui, l'amour de la vie. Lors même qu'il détruit sa véritable existence, il veut exister encore dans un avenir imaginaire, & vivre dans le souvenir des hommes. Les superbes monumens qui renferment les froides dépouilles de sa mortalité, attestent à l'univers, qu'il espère de survivre à sa cendre. D'où vient donc à l'homme, ce desir dominant de l'immortalité ? Ce desir invincible seroit-il une illusion de l’orgueil ? Mais un desir qui élève mes pensées, mes sentimens, un desir qui est l’ame des grands hommes & des grands courages, qui soutient la vertu & forme les héros ; ce germe divin qui vit, malgré moi, au-dedans de moi-même, & que je ne saurois étouffer sans que tout dégénère dans moi, dans mon esprit, dans mon cœur ; ce desir, qui tient si essentiellement à la dignité de ma nature, seroit-il une illusion du mensonge qui ne pourroit que la dégrader ? Non, non, ce desir est la voix de la vérité & de la justice, qui peuvent seules l’annoblir ; & je reconnois, au cri de mon cœur, la voix de l'Eternel qui m'annonce mes deſtinées. Mes vœux feront donc accomplis, puiſque l'Auteur de mon être ne ſauroit me tromper : s'il y a eu un tems où j'ai commencé, il n'y en aura plus où je finirai ; le dernier moment de ma vie tient donc néceſſairement, à la chaîne immenſe d'un avenir ſans fin. La vie préſente n'eſt que l'aurore de mon exiſtence ; & ſi elle eſt aujourd'hui arroſée de larmes ; c'eſt que le combat de l'homme eſt ſur la terre, & ſon repos dans le ciel. Eh ! pourquoi donc envier encore au cerf qui vit dans les forêts, au chêne qui végète ſur les montagnes, la longue durée de leur mortelle exiſtence ? Ils ne ſeront plus un jour, lorsque je serai encore. Oui je vivrai encore, après que les millions de siecles seront écoulés ; & moi, qui serai éternellement, j'oserois me plaindre de la briéveté des jours destinés aux larmes ! Ah ! plutôt te bénir mille fois, ô mon Dieu, toi qui, par un secret adorable de ton infinie miséricorde, abrége le cours de ma pénible carriere, pour abréger les jours de mes travaux, & hâter le moment de tes récompenses.

## QUATRIEME MÉDITATION.

### Pensées avant le sommeil.

*Je m'adresserai à Dieu, le soir, le matin, & au milieu de la journée; & il exaucera ma voix.* Pf. 34. v. 18

LE jour qui vient de terminer sa carriere, est un pas de plus que j'ai fait vers l'éternité; & la nuit, qui déploie déjà ses voiles sombres, retrace à mes yeux cette nuit profonde où tout le genre humain sera enfin enseveli. A cette pensée, la pâle mort se présente à moi, & deux sentimens opposés, qui s'élevent au fond de mon cœur, partent de l'amour de la vie. La nature qui veut vivre, s'effraie à la vue de la mort qui paroît être le terme de mon exiſtence. Mais la Foi qui me montre l'immortalité aude-là du trépas, m'invite à me réjouir. Au milieu de cet épouvantable appareil de deſtruction & d'hor-reur, qui ſaiſit tous mes ſens, cette fille du Ciel deſcend ſur la terre, & le flambeau à la main, elle marche devant moi, elle m'éclaire dans le ſombre dédale où j'allois m'égarer. Je la ſuis parmi les ombres de la mort; elle me place à ce point indiviſible qui ſépare l'homme terreſtre de l'homme immortel : là je vois, ſous les ailes du tems qui s'en-fuit, une foule de mortels qui se précipitent à la suite ; je vois une foule de fantômes qui s'enfuient avec lui ; je vois des hommes qui desirent sans cesse, & qui ne jouissent jamais. Demain ils se promettent des honneurs, des plaisirs, le repos, la fortune ; & ce demain n'arrive point. Les passions avides de jouir, promenent leurs regards inquiets sur la face de la terre, pour se rassasier de défirs. Elles parcourent tous les genres de bonheur, & ne peuvent se reposer sur aucun : leur voix bruyante entraîne le cœur : la conscience reclame, mais sa voix qui parle tout bas, n'est point entendue. Cependant le tems poursuit sa course : toutes les profpérités de la terre fe hâtent d'arriver à leur terme ; & l'homme arrive à fon jugement. Alors la vérité parle feule ,. la feule vérité juge , la vérité feule, récompenfe ou punit. L'heureux du monde a difparu : toutes les grandeurs humaines fe font eclipfées, & l'homme eft refté feul avec la juftice. Hélas ! il a pourfuivi le bonheur, & il s'eft laffé dans la région des ombres. La gloire des talens & des fuccès s'eft évanouie, un autre en a déjà recueilli les fruits. Il a travaillé pour le tems, & le tems a fini. L'éternité va commencer : O repentir ! O défefpoir ! & il n'a encore rien fait pour elle. S'il fe fouvient encore de ſes proſpérités paſſées ; hélas ! ces proſpérités ne ſerviront plus qu'à déchirer ſon ame par la douleur de les perdre, & le regret d'en avoir abuſé. Ah ! je ne ſuis plus ſurpris que, dans le délire d'une vie tumultueuſe, l'heureux du monde n'oſe aujourd'hui regarder la mort de loin ; qu'il s'effraie lorſqu'elle approche ; qu'il détourne encore ſes regards, lorſqu'elle glace ſes ſens, & qu'elle imprime déjà ſur ſes yeux le terrible arrêt de ſa proſcription. Je ne ſuis plus ſurpris qu'il craigne encore, au bord de la tombe, d'être détrompé d'une ſécurité qui le conduit au précipice ; qu'il s'endurciſſe pour ſe raſſurer ; & qu'il aime encore mieux tomber dans l'abîme, que d'ouvrir les yeux pour s'en garantir. Mais hélas ! ſon erreur reculera-t-elle le terme de ſa vie ? & la ſécurité qu'il cherche, réaliſera-t-elle des eſpérances qui le trompent ?

J'avance moi-même, vers ce terme redoutable. Le jour qui vient de finir, m'avertit que j'ai un jour de moins à vivre. Mais quel uſage ai-je fait de celui qui s'eſt écoulé ? Tu me l'avois donné, ô mon Dieu, pour ta gloire ; n'en ai-je pas abuſé pour t'outrager ? N'ai-je pas réſiſté aux invitations de ta grace ? N'ai-je pas murmuré contre les deſſeins de ta providence ? Ne me suis-je pas exposé au péril de t'offenser ? Que me reste-t-il de mes œuvres ? Quel fruit ai-je recueilli de tes dons ? Quelle est la vertu que j'ai pratiquée ? Quel est le malheureux que j'ai secouru ? N'ai-je pas pensé, parlé, agi comme l'insensé qui n'espère rien au-delà du trépas ? Ah ! si la réponse de ma conscience m'effraie aujourd'hui ; qu'elle sera épouvantable, lorsqu'elle m'accusera elle-même au Tribunal de l'Eternel !

Mais en me montrant l'éternité, la Foi m'annonce, ô mon Dieu, tes grandes miséricordes. Ta bonté a promis le pardon au repentir. Je crie vers toi ; & tu ne rejetteras pas un enfant qui demande grace. A cette penſée conſolante , mes terreurs s'évanouiſſent. La voix de ton amour ſe fait entendre au fond de mon cœur : elle y porte la joie & la paix. Ah ! que cette paix, que je n'avois point encore connue, eſt différente de ces momens d'i-vreſſe qui agitoient mon ame , qui la tranſportoient hors d'elle-même, dans le tumulte & les tourbillons des plaiſirs , qui la fatiguoient par le vain eſpoir du bonheur, & la laiſſoient retom-ber auſſi-tôt dans le vuide du dé-goût & de l'ennui ! Quelles ſe-ront donc, ô mon Dieu, les chaſ-tes délices que tu prépares à tes élus , dans la demeure de tes

Saints ! O Cieux ! réjouiſſez-vous ;
& toi, ô Mort, ceſſe de m’ef-
frayer, & continue à m’inſtruire.
Que je ne me livre jamais au
ſommeil de la nuit, ſans penſer
au ſommeil éternel, où tu dois
me plonger un jour. Que j’ap-
prenne de toi-même, à apprécier
tous les momens de ma vie. Oui
ces momens qui ne ſeront plus rien
une fois qu’ils ſerontpaſſés, doivent
décider un jour de mes deſtinées éternelles, ils ont aujourd’hui
pour moi, tout le prix de l’éternité. Chaque inſtant peut mériter
une éternité de bonheur ; ajouter à
mes récompenſes éternelles ; à chaque inſtant, je puis demander,
obtenir miſéricorde. Aujourd’hui

c'eſt le tems de ſemer ; demain,
ce ſera le tems de recueillir. Ah !
ſi ceux qui déjà ſont en poſſeſſion
du bonheur étoient capables de
regret, ne ſeroit-ce pas de n'avoir
point encore aſſez fait ſur la terre,
pour augmenter dans le Ciel le
riche tréſor de leurs récompenſes ?

# CINQUIEME MÉDITATION.

## Dieu tout-puissant.

*Dieu a parlé, & tout a été fait : il a commandé, & tout a été créé.*
Pf. 32. ℣. 9.

L'Homme médite pour faire son ouvrage, il réunit tous les efforts du génie, il travaille, il appelle les autres à son secours, il invente, il réforme pour perfectioner. Eh ! qu'est-ce enfin que l'ouvrage de l'homme ? Pour créer l'univers, Dieu n'a besoin que de vouloir. Il commande, & l'univers sort du néant. Il ordonne, & cette masse encore informe s'agite, se débrouille : la lumière se montre à travers les ténèbres ; le Soleil, la Lune, mille globes lumineux s'é-lancent tout embrasés dans les Cieux, & commencent leur car-rière. Le cahos se brise : les eaux qui flottent sur la surface, vont s'abimer dans les vastes réservoirs qui leur sont ouverts. Un amphi-théatre verdoyant s'élève au dessus des mers : les plantes, les fleurs, les fruits sont parsemés de tous cô-tés sur la terre. Le Créateur ap-pelle les êtres qui ne sont point en-core, comme s'ils étoient déjà : la terre, le ciel, la mer, se peuplent d'animaux, chacun dans l'élément qui lui est assigné. Mais cette su-prême puissance, qui n'a besoin pour créer que de vouloir, cet être dont la volonté seule commande, produit , gouverne , & qui se manifeste par-tout, échappe à mes regards quand je veux le définir. En vain , pour le comprendre, mon imagination compare les opérations de l'Etre Créateur, avec les opérations des êtres créés : plus elle s'agite , plus les nuages s'épaisissent. La raison plus sage lui impose silence , & m'apprend que tous les Etres ayant commencé, le premier être ne devoit avoir besoin que de lui-même pour les créer. Elle me dit que la maniere d'opérer, est toujours conforme à la nature de la puissance qui opére; & me montre, au dedans de moi même, la preuve de ces opérations intellectuelles que je ne conçois pas. Ma volonté, qui commande à mes organes, ne peut agir elle-même que par une puissance, qui ne ressemble point à celle des êtres sensibles. Mais la puissance est bornée dans moi, quelquefois interceptée, & toujours très-foible ; parce qu'elle m'est étrangere à moi-même, parce qu'elle est limitée par la volonté du Créateur : & la puissance infinie de l'Auteur de mon être, à qui seul appartient la puissance, de qui seul dérivent toutes les puissances de la terre, à qui aucune autre puissance ne peut donner des bornes ; cette puissance doit regner en souveraine sur tout l'univers.

Oui, l'univers est au Seigneur. Que la terre se réjouisse ; que les isles tressaillent de joie : rien ne se meut que par sa puissance, rien ne vit que sous son Empire, rien n'existe que par sa volonté. Les nuées & les ténebres l'environnent : l'œil du mortel ne sauroit pénétrer dans le Sanctuaire de sa gloire. Son trône est assis sur le jugement & la Justice. Des tourbillons embrasés volent au devant de lui, ils dévorent autour de lui ses ennemis. Les éclairs brillent dans les Cieux, sa foudre gronde dans les nues : la terre les voit, & frémit. Les montagnes s'ébranlent

& s'écroulent ; les collines & la terre se fondent à son aspect. Les Cieux publient sa justice : les peuples sont investis de sa majesté ; ils sont terrassés par l'éclat de sa gloire. Que les Anges l'adorent, que Sion se réjouisse : le Très-Haut est au-dessus des Dieux de la terre ; le Très-Haut regne dans les Cieux, il fait luire sa lumiere sur le Juste, il éclaire ceux qui ont le cœur droit, il foudroie l'impie, il crée, il renverse, il détruit, il éleve les Empires (1).

Un redoutable Conquérant menace d'envahir l'Univers : cent mille combattans marchent sous

______

(1) Pf. 96.

ſes drapeaux ; animés de ſon courage, tous ſe meuvent à ſa volonté : la victoire le ſuit, la terreur le devance , ſa courſe rapide
eſt marquée par des flots de ſang :
la renommée publie par-tout ſes
triomphes ; les nations tremblan-
tes ſe courbent ſous ſon joug ;
les Rois effrayés viennent lui demander des fers. Déjà il marche à
travers les arides déſerts , pour
arriver aux extrémités du monde ;
& maître du monde , il ſe plaindra
encore de n'avoir pas un autre
monde à conquérir. Mais il oſe in-
ſulter au Très-Haut , il veut s'aſ-
ſeoir ſur le trône de l'Eternel. L'E-
ternel qui l'entend, laiſſe repoſer ſa
foudre ; & pour ſe venger , il com-

mande à la poussiere. Aussi-tôt les sables du désert, armés de sa vengeance, s'élevent en tumulte dans les airs, obscurcissent les Cieux, viennent en courroux fondre sur l'impie, & son armée invincible a disparu.

Des forteresses flottantes avancent majestueusement sur les eaux, elles font courber les vagues sous leur poids. Les rivages mugissent au loin, l'orage tonne; & déjà les fondemens d'une puissante Monarchie s'ébranlent. Qui pourra, grand Dieu la sauver ? Toi seul. Tu souffle, & les vents se déchaînent, les abîmes s'entrouvrent ; les forteresses flottantes se heurtent, se brisent, s'engloutis-

sent

fent dans les abimes ; & femblables à une vapeur légere , que le
Soleil diffipe , il ne refte plus de
cet appareil formidable , que de
triftes débris épars fur le rivage ,
pour annoncer à la terre, la toute-
puiffance de celui qui commande
à l'orage , & regne en Maître
fouverain fur les flots.

Sur des rochers antiques , qui
donnent un frein à l'océan & des
bornes à l'Ancien-Monde , fur ces
monts altiers, dont le fommet fe cache dans les nues & les bafes énor-
mes vont fe perdre dans les abîmes,
s'éleve une fuperbe cité. Ses palais
magnifiques reffemblent à la demeure des Rois ; du haut de fes
tours, elle promene fes regards fur

C

le vaste élément qu'elle a rendu tri-
butaire de son Empire ; elle contemple à ses pieds tous les peuples
de l'univers, qui apportent dans
ses ports les trésors des nations ; &
par un flux & reflux continuel, elle
reçoit & fait circuler les trésors des
nations jusques aux extrémités du
monde. Mais les plus hautes montagnes reposent entre les mains de
l'Eternel. Il a ordonné que la superbe cité ne seroit plus ; & déjà
se forme en silence dans leurs grot-
tes profondes, la foudre qui doit
la renverser. Le moment arrive,
le signal est donné : une étincelle
embrasée du souffle du Tout-Puissant, va porter par-tout l'incendie
dans les flancs ténébreux de ces

hautes montagnes : un bruit sourd retentit dans leurs sombres caver- nes : la foudre a brisé les portes de l'enfer : les feux s'échappent de tous côtés ; les rochers se fendent, s'embrâsent , s'écroulent ; les flots de la mer déchaînés , viennent en grondant reprendre leur empire : Les palais des Rois sont renversés ; les montagnes s'abiment dans les gouffres ; le Monarque & le peu- ple fuient devant la face de Dieu qui tonne du haut du Ciel ; & la cité des Rois n'est plus qu'un monceau de ruines.

Allez à présent , mortels ambi- tieux , allez assiéger la demeure des Rois ; rampez à leurs pieds , pour recueillir les graces qu'ils ré-

pandent; affrontez les périls, pour
attirer leurs regards : infultez par
votre fafte, à la mifere publique ;
& bravez encore à l'ombre du
trône, les caprices du fort, la juftice des hommes, & les vengeances du Ciel. Les orages grondent
fur les palais des Rois, comme fur
la chaumiere du pauvre : le malheur & la mort atteignent juf-
qu'à celui qui eft affis fur le trône.
Que deviendra celui qui n'a point
d'autre appui ? Infiniment plus
ambitieux que vous, j'afpire à une
plus haute gloire. Vous defirez de
plaire aux Rois de la terre : moi je
veux plaire au Souverain Maître
des Rois. Vous ferez les ferviteurs
des Princes ; je ferai l'enfant d'un

Dieu. Soyez grands avec eux sur la terre, moi je partagerai avec l'E-ternel, l'Empire des Cieux. Que les enfans des hommes aient encore le pouvoir de m'outrager : ils n'au-ront jamais le pouvoir de me nuire. Cette partie de moi même qui a reçu l'immortalité, & seule capable de bonheur, échappera à leur empire. Dans les sombres ca-chots, au milieu des chaînes, mon ame sera encore libre entre les bras d'un Dieu qui commande à l'univers. Eh! qui pourroit m'al-larmer, Seigneur, sous le domai-ne de ton amour? Toi qui pèse les montagnes, qui suspends la terre au milieu des airs, qui vi-vifies la nature, & qui règnes sur les flots , toi qui portes , quand il te plaît , l'esclave fur le trône , qui précipites le Monarque dans les fers , & marques à tous les Empires, le terme où ils doivent finir ; ne ferois-tu pas affez puiffant pour me protéger ? Je refterai donc , ô mon Dieu , fous la dépendance des hommes ; mais cette dépendance fera annoblie par l'efprit des enfans de Dieu. Les maîtres de la terre font les repréfentans du Maître des Cieux. Je leur obéirai pour t'obéir ; & mon obéiffance à ta loi fainte , fera le fûr garant de ma fidélité. Je refpecterai leurs volontés, mais je ne craindrai que toi feul ; & je ferai plus grand & plus libre encore dans la fervitude,

que les conquérans du monde, qui bravent le Maître des
Cieux. L'obéiffance à la volonté
feule des hommes , fait des efcla-
ves : l'obéiffance à ta volonté fuprême à laquelle tout doit obéir ,
à cette volonté fainte qui eft tout-
à-la-fois, fageffe , puiffance , jufti-
ee , peut feule imprimer un carac-
tère de grandeur aux humiliations
de la fervitude & de l'indigence ;
elle feule a droit à des récompenfes dignes de la générofité qu'elle
infpire , & des facrifices qu'elle
commande.

## SIXIEME MÉDITATION.

### Penſées au lever du Soleil.

*Semblable à un époux qui ſort du lit nuptial, le Soleil s'élance au haut du Ciel ; & comme un géant, il pourſuit ſa carriere.* Pſ. 18. ℣. 6, 7.

MEs yeux s'ouvrent à un nouveau jour ; le ſommeil qui s'éloigne de moi, ne me laiſſe plus ſentir que les paiſibles douceurs du repos. Mais la nature ſommeille encore ; le calme regne encore ſur la terre. Cependant l'aurore, qui s'avance à pas lents, ſemble lutter avec les

ténèbres, & ne perce qu'en trem-
blant, à travers les voiles sombres
de la nuit. L'orient apporte enfin
la lumière ; les ombres se diffipent. Déjà la nature se pare de ses
vives couleurs ; les fleurs offrent
leurs rubis, les campagnes étalent
leur verdure, pour recevoir le pere
du jour ; & les astres s'éclipsent
pour lui abandonner l'Empire des
Cieux. Son flambeau magique embellit la terre ; ses rayons pénè-
trent dans les antres obscurs pour
réveiller les habitans des bois.
L'oiseau sinistre va se cacher dans
la nuit des tombeaux : les animaux féroces s'enfuient dans les
forêts, & laissent jouir les mortels,
des trésors que la main du Créa-

teur a répandus fur la terre. Les volages zéphirs fe jouent dans la plaine, les ruiffeaux argentés murmurent dans les vallées, le doux ramage des oifeaux fe fait entendre fur le bord des eaux. Tout refpire l'allégreffe au réveil de la nature; tout célèbre le Maître Souverain du monde à la naiffance du jour. O toi devant qui les ténèbres font comme la lumière, toi dont les yeux font toujours ouverts fur l'univers, reçois, grand Dieu, les premières effufions de mon cœur, avec les premices du jour que tu me donnes. Et toi, Aftre radieux, toi qui viens rendre la lumière à la terre, & donner la vie au monde; toi qui brilles avec tant de

gloire dans le firmament, & dont
la splendeur éclipse les Cieux ;
toi qui, du haut de ta gloire, dar-
des par-tout, tes rayons bienfai-
fans, redonnes à l'univers le mouvement & la vie, & prodigues de
tous côtés les richesses, sans épui-
fer jamais ta fécondité ; toi que
la justice opprimée invoque, toi
que le crime heureux redoute,
toi dont les premiers rayons ré-
pandent la joie dans l'ame, &
dont la splendeur éblouit mes
yeux, parle moi toi-même de ce
Soleil éternel de Justice, qui t'a
investi de sa gloire. Comme toi,
source féconde de tout bien, il
donne à tout la lumiere & la
vie. Du centre immobile de

l'éternité où il repofe , il voit rouler autour de lui les faifons, les fiecles , l'univers entier qu'il éclaire , qu'il anime. Toujours infiniment au-deſſus de nous , & toujours avec nous , il voit , il agit, il pénetre par-tout, il éclaire tous les efprits , il dévoile les fecrets du cœur , il interroge, il juge , il confole , il effraie ; & jamais les foins de fa Providence ne ralentiſſent l'activité de fon amour ; jamais les profufions de fa libéralité , n'épuifent la fource intarriſſable de fes bienfaits. Unique en nature, infini en puiſſance , il m'éclaire de fa préfence, & m'éblouit des rayons de fa gloire. Dis-moi donc quel eft ce maître fouverain dont tu portes l'image, qui t'a placé dans le firmament, qui a tracé ta route dans les airs ? Quel est ce maître invisible qui t'appelle du haut du Ciel, & à qui tu obéis ? Parle-moi de sa puissance, parle-moi de sa sagesse, de sa bonté, de sa magnificence. Mais obéissant sans connoître, bienfaisant sans aimer, le bien que tu me fais n'est pas à toi. Agent insensible du Maître suprême, qui est lui seul la source de tout bien & le principe de toute lumiere, la splendeur qui t'environne, ne t'appartient pas. Image muette de sa majesté suprême, Ministre aveugle de son adorable providence, tu t'éclipses en sa présence, & tu m'instruis sans me répondre.

Ah ! si tes œuvres, grand Dieu, sont si magnifiques ; quelle doit être la beauté de celui qui les a créées ? Si l'astre du jour, qui répand une secrette joie dans mon cœur, & semble renouveller toute mon existence, n'est encore devant toi que ténebres ; quelle sera la splendeur de ta gloire ? Quelle sera cette lumiere que mes yeux n'ont jamais vue, que mon esprit n'a jamais comprise, lorsque te montrant tout à coup devant moi, tu m'environneras de ta gloire, lorsque tu rempliras mon cœur de l'immensité de tes dons, lorsque tu viendras habiter toi-même au-dedans de moi ? Ah ! Quand verrai-je donc lever ce So-

leil de juſtice, qui doit éclairer un
jour éternel ? Quand viendra-t-il
déployer ſur l'univers, tout l'éclat
de ſa majeſté, & reprendre le ſuprême Empire qu'il ſemble avoir
abandonné à ſes créatures ? Hélas !
que le plus beau jour de la vie me
paroît triſte, quand je penſe qu'il
prolonge le tems de ſon abſence !
Que les richeſſes de la terre me
paroiſſent mépriſables, quand je
conſidere les immenſes tréſors de
ſa miſéricorde ! Que les beautés
de la nature, que la magnificence
du firmament, que toutes les merveilles de l'univers, ſont viles &
abjectes à mes yeux, quand je
me dis à moi-même, que ce ſpec-
tacle raviſſant n'eſt encore qu'une

fombre nuit qui voile à mes regards la majefté des Cieux ! Mes jours s'écouleront-ils donc encore, ô mon Dieu, à contempler tes merveilles fans remonter jamais à leur Auteur ? Continuerai-je encore à jouir de tes bienfaits, fans jamais penfer à me rendre digne de poffé-der celui qui eft lui feul la fource de tous les biens ?

## SEPTIEME MÉDITATION.

### Dieu infiniment sage.

*Où irai-je, ô mon Dieu, pour me dérober à ta présence ? Où fuirai-je pour me cacher devant ta face ? Si je monte au Ciel, tu y est présent. Si je descends aux Enfers, je t'y trouve. Quand même je prendrois des ailes au lever de l'aurore, & que j'irois habiter aux extrémités de la terre, ta main m'y conduiroit ; & ta droite m'y retiendroit encore. J'ai dit en moi-même : peut-être les ténebres me déroberont à sa vue ;*

*mais les ténebres sont devant toi, comme la lumiere.* Pf. 138. 'V. 7. 8. 9. 10. 11. 12.

L'IMMENSE profusion des créatures sorties tout à coup du néant, leur variété infinie, l'énorme grandeur des unes, la petitesse incompréhensible des autres, celle-ci dans l'inertie, celle-là d'une activité effrayante, me raviffent en même-tems & m'épouvantent. Les élémens dominans avec un empire abfolu dans les différentes régions qui leurs font affignées : ici des vo'cans enflammés, là des torrens impétueux ; dans les airs, les vents & les orages menacent de bouleverfer l'univers au moment qu'il sort du néant. Tout ira-t-il donc se confondre ? Tout ira-t-il rentrer dans le cahos ? Non, non : & sous la main du Créateur infiniment sage, l'ordre regnera par-tout. Il a mesuré, il a tempéré les forces des élémens les plus terribles; il a pesé les montagnes & sondé les abîmes, il a marqué à chaque être sa destination; & il a tout disposé avec tant de sagesse, que chaque individu occupe dans l'univers la place qui lui convient, que chaque atôme prend dans l'individu la place qui lui est destinée, que la violence des élémens se trouve contre-balancée par leur opposition, & que les êtres assujettis à des loix constantes servent tous, par leur variété, par leur contraste, à la conservation de l'univers, aux productions & à l'embellissement de la nature.

Oui, entre les mains de son infinie sagesse, les plus légers atômes deviennent les digues les plus fortes pour enchaîner les élémens les plus indomptables, pour les assujettir & les faire concourir à l'harmonie du monde qu'elle a créé. La terre, desséchée par les ardeurs du Soleil, alloit être changée en un désert aride; toutes ses productions alloient périr; & ce brillant édifice de la nature, n'eût plus été que la triste sépulture des morts. Quelle source pouvoit être assez féconde pour l'arrofer ? Quel réfervoir affez vafte pour en contenir les eaux ? Quelle main affez fage pour les diftribuer ? Le Créateur a tout prévu; & il n'a eu befoin que de foibles corpufcules pour tout conferver. Il a commandé à des atômes : & dirigés par fa volonté, des globules d'air viennent en foule, enlever à la mer & aux fleuves, la portion des eaux qui alloit fubmerger la terre ; ils la dégagent des matieres étrangeres qui la rendoient nuifible ; ils la filtrent avec une intelligence que toute la fageffe humaine ne fauroit concevoir : ils la transforment en nuages ; & ces nuages, comme un océan flottant furnos têtes, deviennent les fideles dépositaires des tréfors réfervés à nos befoins. Ils fe fondent, non en torrens qui fubmergeroient la terre, mais en pluies bienfaifantes qui l'arrofent & la fertilifent : ils dépofent dans les creux des rochers, les fources abondantes, qui devenues autant de ruiffeaux & bientôt, autant de fleuves, fe partagent entr'elles tous les royaumes du monde, pour les enrichir des bénédictions du Ciel. Et c'eft à la puiffance de ces atômes invifibles, répandus autour de nous comme les fauves gardes du genre humain, que Dieu a confié la confervation de l'univers. Mais que de particules infenfibles d'eau,

d'air, de feu, adaptées au ma-
gnifique dessein du grand ouvrage ! Quelle prodigieuse com-
binaison dans ces différentes molécules, pour enlever les eaux,
pour les élaborer, pour les rendre
propres aux besoins de l'homme
& aux productions de la terre !
Quelle précision admirable dans la
mesure du froid & du chaud, afin
de les raréfier, de les condenser à
propos, de les verser, de les dis-
tribuer avec mesure pour fournir
aux besoins de la terre sans l'inon-
der ! Toute l'intelligence humaine
pourroit-elle imaginer les combi-
naisons infinies d'une si belle harmonie ? Toute la sagesse humaine
fera-t-elle jamais capable de les

définir ? Quelle fera donc la fageffe de celui qui a tout reglé dans
fes confeils, qui a tout fait par fa
volonté, qui, agiffant fur les grandes maffes par les plus petits
atômes, & combinant les grandes
forces avec les plus foibles refforts,
forme de tout l'univers, le plus
majeftueux & le plus durable de
tous les édifices ? & dans cet édifice immenfe, dreffé fur un plan
unique, nul être vivant qui ne
foit une merveille, nulle portion
de l'animal, qui prife à part, ne
paroiffe irréguliere, & qui confi-
dérée dans fes rapports, ne foit un
chef-d'œuvre du Créateur. La
moindre fibre eft tiffue d'une infinité d'autres, qui décroiffent à
proportion

proportion en se divisant, & qui toutes ensemble concourent à conserver au corps la force & l'élasticité, à donner à tous les membres le mouvement & la vie. Quel admirable méchanisme pour triturer les alimens, pour les rendre propres à la nutrition! Quel discernement pour les répartir avec tant de discrétion entre les différentes parties du corps humain, afin d'en réparer les forces! Par quels secrets conduits, les molécules les plus subtiles vont-elles s'emparer de la partie supérieure pour opérer les sensations? Comment des sensations, qui n'ont rien de matériel, sont-elles produites par les modifications de la matiere? Quel est

D

ce nœud mystérieux qui réunit en
moi, deux substances si dissembla-
bles ? Par quelle vertu les impressions du corps atteignent - elles
jusqu'à l'ame, pour y faire naître
la douleur, le plaisir, la connoissance, les desirs &c. ? Comment
l'ame commande-t-elle au corps à
son tour ? Comment le gouverne-
t-elle à sa volonté ? Par qu'elle
secrette correspondance, est-
elle avertie de tout ce qui se passe
au dehors, & se fait-elle obéir par
mes sens ? Ces liens invisibles que
je ne saurois concevoir, peuvent-
ils avoir été formés par une autre puissance, que par la volonté
d'un premier être, qui, en me
faisant sentir sa présence, m'or-

donne d'adorer fes deffeins, &
confond ma propre fageffe par les
myftères de la nature qu'il a déro-
bés à mes yeux ?

Homme fuperbe, toi qui voudrois circonfcrire les penfées du
Créateur dans les bornes étroites
de tes penfées, toi qui as la pré-
fomption de penfer qu'il n'a pas vu
ce que tu crois voir, qu'il ne peut
avoir de deffein qui te foit incon-
nu, ferois-tu entré dans les fecrets
de fa fageffe ? Aurois tu reglé fes
confeils, lorfqu'il formoit le plan
de l'univers. Eh ! quel eft donc
cet homme, dit le Seigneur, qui
enveloppe fes vaines penfées de
fes difcours infenfés ? Où étois-tu
donc, réponds-moi, où étois-tu

lorſque je poſois les fondemens de la terre? En as-tu meſuré les dimenſions? Dis-moi qui a mis la premiere pierre, ſur quelles baſes repoſoit tout l'édifice, lorque les aſtres du matin chantoient mes louanges, lorque les enfans de Dieu célébroient ma gloire ? Eſt-ce toi qui renfermois la mer dans ſes priſons, qui l'empêchois de ſubmerger la terre, lorſque je la couvrois de nuages comme d'un lugubre manteau, lorſque je bâtiſſois ſes gonds & ſes portes ; lorſque, commandant à l'orage, je diſois à la mer : là, tu viendras briſer tes flots ? Eſt-ce toi qui aſſignois à l'aurore le lieu de ſa naiſſance, qui lui marquois l'endroit de son couchant, qui ébranlois les colonnes de la terre, qui te promenois dans les vastes abîmes des eaux ? Les portes de la mort se font-elles ouvertes devant toi ? As-tu vu les portes ténébreuses de son noir empire ? Dis-moi donc où habite la lumiere ? Où est le séjour de la nuit ? Dans quels trésors sont déposés la neige & la grêle ? Qui a tracé sa route à la lumiere ? Qui a donné des ailes à l'orage ? Qui marche devant le tonnerre ? As-tu compris l'harmonie des Cieux ? As-tu prescrit des loix à la terre ? Seroit-ce toi qui éleves la voix sur les mers, qui commandes à la foudre; & à qui la foudre, allant & revenant répond :

Me voici (1). Eh qui es-tu donc toi-même, toi qui oses entrer en jugement avec le Très-Haut? Connois-tu ta propre nature? Quel est cet être qui sent, qui pense, qui veut, qui raisonne en toi? Quel est cet être en qui tu ne vois que la matiere? Pourquoi, réponds-moi, pourquoi existe cet être incompréhensible? d'où vient-il? où va t-il? Quel est sa nature? quelle est sa fin? quelle est sa loi? Que répondrez-vous ici, sages de la terre? Qu'ont enfanté vos spéculations & vos recherches? Quelles sont les admirables productions de votre sagesse? Hélas! depuis que vous avez osé vous pla-

_______________________________

[1] Job. c. 38.

cer au-deſſus de la Divinité , depuis que vous avez oſé l'appeller
à votre jugement ; la ſageſſe éternelle s'eſt éloignée de vous, &
s'eſt vengée de vos outrages , en
vous livrant à l'eſprit de vertige.
Depuis que vous avez abandonné
la lumiere qui devoit vous ſervir
de guide , vous ne voyez plus que
ténebres ; vous inventez des ſyſtê-
mes , vous les réformez , vous les
abandonnez , vous les reprenez :
ils ne ſont plus que des chimeres.
Continuellement en oppoſition
entre vous & avec vous - mêmes ,
vous errez de toutes parts , tourmentés par votre propre inquié-
tude, pour chercher la vérité qui
vous fuit : & tous vos ſyſtèmes,

vos recherches, vos difputes n'aboutiffent plus qu'à de défolantes incertitudes. Depuis que vous ne voulez rien voir que de terreftre, votre ame devenue toute terreftre elle-même, s'eft engourdie dans un affoupiffement mortel ; & dans ce dédale ténébreux où votre raifon s'égare, il ne vous refte plus qu'une vérité, que vos égaremens ne vous rendent, hélas ! que trop fenfible : heureux, fi en lui rendant hommage, vous pouviez enfin vous arracher au malheur ! il ne vous refte plus que cette vérité qui humilie votre orgueil, & que votre orgueil redoute encore de voir : c'eft que l'homme ne peut que s'égarer & fe perdre quand il fort de la dépendance de celui qui , lui ayant donné l'être , peut aufli lui feul , l'éclairer de fa lumiere , & l'annoblir par fon ef-prit. Applaudiffez-vous à préfent de votre fageffe : annoncez-vous à l'univers comme les inftituteurs des nations : volez à l'immortalité par l'extravagance de vos rêves , par l'atrocité de vos maximes , par les défordres , les malheurs , & les crimes qui naiffent fous vos pas. Qu'une foule d'a-dorateurs croient marcher avec vous à la célébrité , en fe traînant à votre fuite. Si votre nom furvit à votre cendre , il ne paroîtra dans les faftes de la poftérité , qu'avec l'opprobre dont vous l'aurez fouillé,

& pour groſſir la liſte des fameux ſcélérats, qui ont été les fléaux de la terre qu'ils ont habitée.

De Dieu ſeul vient la véritable, j'apprendrai de lui à me connoître & à l'adorer. Sa parole divine, qui eſt un livre fermé aux yeux de l'homme ſuperbe, ſera toujours ouvert à ceux qui ont le cœur droit. Aſſis au pied de l'Eternel, j'étudierai ſa loi ſainte, je la méditerai pendant le tumulte du jour, je la méditerai dans le ſilence de la nuit, je la méditerai dans le calme des paſſions. Sans me livrer aux vaines recherches ni aux diſputes de l'orgueil qui égare, je marcherai par la voie des enfans qui m'eſt tracée; je goûterai d'a-

vance le bonheur qui m'eſt deſ-
tiné ; & je ſerai plus heureux dans
l'obſcurité de ma retraite que les ſa-
ges les plus célebrés dans l'univers.

O toi qui lis dans le fond de
mon cœur, les réſolutions que je
forme, toi qui dois être un jour
mon Juge & mon Rémunérateur,
tends-moi la main, pour affer-
mir mes pas dans la voie que tu
me traces. Que je marche toujours
en ta préſence, par le deſir de te
glorifier, & la crainte de te dé-
plaire. Que ta lumiere ſoit toujours
mon flambeau ; ta volonté mon
guide ; ton bras mon appui. Que
je ne forme jamais de projet ſans
interroger ta divine ſageſſe. Que
je ne deſire jamais rien, que confor-

mément à ta volonté. Que ma propre foiblesse me rende plus vigi-
lant. Que mes chûtes me rendent
plus humble. Descends toi-même
dans mon cœur, grand Dieu, avec
les trésors de tes graces ; *& mon
cœur dilaté*, par ta divine présence, *courra* avec sécurité, dans la voie
de tes célestes commandemens.

# HUITIEME MÉDITATION.

## Penſées au coucher du Soleil.

*Quand je marcherois (grand Dieu)*
*au milieu des ombres de la mort,*
*je ne craindrois point les maux ;*
*parce que tu ſeras avec moi :*
*& ta verge même me conſolera.*
Pſ. 22. ℣. 4.

L'Astre radieux a diſparu de
de deſſus l'horiſon, le crêpe fu-
nèbre répandu dans les airs, annonce déjà le deuil de la nature,
& invite les humains au repos.
Mais tandis que le flambeau du
ciel va éclairer un autre monde,
la lumière éternelle ne ceſſe d'é-

clairer tous les esprits. Le jour est
le règne des sens; & les sens m'a-
voient distrait du commerce que
j'avois avec elle : ses rayons ne fai-
soient qu'effleurer la superficie de
mon ame ; mes pensées s'en-
fuyoient avec les heures du jour ;
& la vérité, étrangère à mes sens,
me sembloit étrangère à moi-
même. L'empire des sens vient de
finir : la vérité reprend ses droits,
elle me fait entendre sa voix dans
le silence de la retraite, & je suis
forcé de l'écouter quand je ne suis
plus qu'avec moi seul....Mais que
dis-je, grand Dieu? l'homme
peut-il jamais être seul, quand il
est avec toi, quand il peut te contempler, t'adorer, te bénir, s'en-

tretenir avec toi de tes grandeurs infinies, toi dont la présence fait les délices des intelligences célestes? La nuit elle-même a son langage ; les ombres dont elle me couvre me rappellent cette nuit lugubre qui se répandra sur les débris du monde, lorsque ta main ébranlant les colonnes de l'univers, tes Anges, tout resplendissans de ta gloire, feront entendre la trompette des Cieux ; lorsque le son de cette trompette effrayante retentissant au fond des sépulcres, ira éveiller la cendre des morts pour leur annoncer le commencement de l'éternité. O nuit de désespoir & d'allarmes ! nuit épouvantable ! où tous les mortels, rassemblés devant le tribunal du Juge suprême, attendront en silence l'arrêt irrévocable qui doit fixer leur destinée ! O nuit effrayante ! que tu seras différente de cette nuit tranquille où je vais entrer! Eh! qui sait si cette même nuit ne sera pas la dernière de mes nuits ? Combien de mortels, pour qui le repos du sommeil sera cette même nuit, le sommeil de l'éternité ! L'arrêt en est prononcé. Ta main l'a gravé, grand Dieu, en traits de feu, dans le livre sacré des destinées éternelles. Les anges s'apprêtent déjà à frapper leurs victimes. Mon nom n'y seroit-il pas inscrit au milien d'elles ? Hélas ! si ce n'est aujour-

d'hui, ce fera demain; & ma fen-
tence n'eft que différée.

Cependant les rêves de la vie
continuent. A ceux de la nuit fuccèdent les rêves du jour; la fcène
fe prolonge & ne fait que changer :
je crois toujours faifir la réalité, &
je ne vois jamais que des ombres.
Le monde, qui vient de s'éclipfer,
n'eft lui même qu'une ombre qui
difparoîtra enfin pour jamais.
Alors un monde nouveau que je
n'aurai jamais connu, ce monde
de vérité & de lumière, fortira
des ténèbres qui le couvrent; & le
foleil de juftice régnant feul dans
l'empire des Cieux, les rêves s'é-
vanouiront pour toujours. Alors ce
qui brilloit fur la terre, rentrera

dans le néant; ce qui étoit invisible, fera le grand œuvre de l'Eternel. O nuit! prolonge ta courfe,
continue à m'annoncer les vérités
céleftes qui fe dévoileront un jour
devant moi; & tandis que le flambeau du jour va éclairer un autre
monde, fais-moi fentir la vanité
de celui qui vient de s'éclipfer à
mes yeux. Parles toi-même, ô
mon Dieu, toi dont la voix fe fait
entendre à tout l'univers. Eclaire-
moi de cette vive lumière dont je
ferai ébloui quand le monde ne
fera plus. Subjugué malgré moi
par l'empire des fens, tous les objets changent de face fuivant les
difpofitions de mon cœur. Mes
penfées, mes réfolutions varient

& se succèdent avec les instans de ma vie. Je gémis le soir, des illusions du matin ; & les illusions reviennent tous les matins, pour me faire gémir ensuite des égaremens du jour. Eh! comment mon cœur acquerroit-il de la stabilité, tant qu'il s'attachera aux apparences qui changent, tant qu'il poursuivra une ombre qui fuit, tant qu'il s'appuiera sur des ruines qui s'écroulent ? Non, non, ce n'est que dans toi, grand Dieu, ce n'est que dans toi, seul immuable par essence, que mon cœur pourra fixer ses désirs. Ce n'est que dans tes promesses, qu'il pourra fonder ses espérances. Le jour arrivera, où le soleil qui vient de disparoître, & les astres qui roulent dans le firmament, ne me retrouveront plus sur la terre, où je ne serai plus rien dans la chaîne immense des siècles, plus rien dans le souvenir des hommes. Mais le tems viendra aussi, où le soleil, le ciel & la terre rentreront dans le néant; & où mon ame, échappée au néant, vivra encore dans l'éternité de Dieu même. Le tems viendra, où ma cendre, se ranimant du fond des tombeaux, sortira des ombres de la mort, plus resplendissante que le soleil, pour voler à l'immortalité: alors la mort, après avoir détruit tout ce qui étoit mortel, perdra son empire & périra elle-

…1 même , pour laiffer régner l'Eternel feul dans l'empire des Saints ,
dans l'empire de la paix , dans l'empire de l'amour & du bonheur ,
dans cet Empire où tout brille de
la beauté & de la magnificence
d'un Dieu trois fois Saint ; où tout
eft ordonné, tout eft réglé par fa
juftice , par fa magnificence , par
fa fageffe. Là le jufte , conduit par
la main du Très-Haut , va s'affeoir
à la place qu'il lui a marquée. Là ,
chaque vertu a fon prix ; chaque
œuvre a fa récompeufe. La lumière
qui brille , brillera pour toujours ;
tout fera éternel , tout fera immuable comme Dieu même. Grand
Dieu ! pour poffeder ton Empire ,
aimer un Dieu qui m'a tant aimé !

Pour une éternité de gloire, quelques inſtans d'épreuves! ah! fe-
rois-je aſſez infenſé, pour croire
acheter encore trop cher le bonheur de l'éternité?

# NEUVIEME MÉDITATION.

## Dieu infiniment bon.

*Quiconque n'aime pas ne connoît pas Dieu, parce que Dieu est charité.* 1 Joan. 4. ℣. 8.

DE la fin des tems, je remonte au commencement des siècles, & à ce moment où les tems n'ont point encore commencé ; où l'éternité semble marcher à pas lents dans le silence du néant sans avancer jamais ; où l'Eternel infiniment heureux par la possession de lui-même, existe seul dans la plénitude de son essence : à ce moment je vois l'Eternel sortir enfin de son repos : Il parle, il crée , & les siècles commencent.

Parmi cette multitude innombrable de créatures qui sortent de ses mains , l'homme attire principalement ses complaisances. Le Créateur se plaît à le former : il prend de l'argile, il en dessine les traits. Déjà se manifestent les desseins de l'Eternel sur la destinée de l'homme. La majesté de ses regards, la dignité de sa structure, la finesse de ses organes , tout annonce à la terre le Monarque qui va régner sur l'univers. Mais cette argile doit être animée d'une intelligence ; & l'intelligence doit venir d'un autre principe. Dieu l'anime de son souffle ; & ce souffle divin imprime,

dans

dans les facultés de l'ame, les traits divins de son Auteur. Mais que l'homme n'oublie jamais qu'il tient par son corps à la terre, & au ciel par son esprit ; que tout est fragile dans lui comme l'argile dont il est formé ; que son corps doit retourner un jour à la terre d'où il est sorti, & l'esprit au principe d'où il est émané.

Avant de le placer sur la terre, Dieu a pourvu à tous ses besoins. Après lui avoir donné sa ressemblance, il a commandé à la nature de veiller à la conservation de ses jours. A ce commandement, la terre lui ouvre les trésors de la nature, le Ciel l'éclaire de ses flambeaux, les Saisons viennent lui offrir leurs

tributs. Ses befoins renaiffent chaque jour, pour l'avertir de fa
dépendance; & chaque jour Dieu
prévient fes befoins, pour lui faire
fentir fa bonté. Mais l'homme
fera-t-il obligé d'étudier fans ceffe
l'économie du corps qu'il anime,
pour connoître la nature de fes befoins & pour en regler la mefure ?
Sera-t-il obligé d'étudier la nature
des êtres qui l'environnent, pour
difcerner ceux qui font propres à
fon ufage ? Sera-t-il condamné à
des recherches pénibles & à des
incertitudes continuelles, expofé
fans ceffe à de funeftes méprifes?
Fatigué enfin d'une application af-
fidue, ne fera-t-il pas tenté de
négliger le foin de lui-même ?

Vaines inquiétudes! Le Dieu qui a pourvu à sa conservation, a prévenu ses anxiétés. Un instinct naturel l'avertit de ses besoins, par des sensations agréables, qui sont une récompense naturelle du soin qu'il prend de son existence; & les sensations agréables cessent avec les besoins. S'il faut encore à l'homme des distractions innocentes, pour l'aider à supporter les travaux & les soucis de la vie; Dieu condescend à sa foiblesse, en lui ménageant des plaisirs innocens. Il varie ses plaisirs en variant ses besoins. L'exercice du travail le prépare aux douceurs du repos. Après le tumulte du jour, il aime à rêver dans le silence de la nuit. Après le repos, il jouit à son réveil comme d'une nouvelle vie; les saisons diversifient leurs présens; par-tout la nature se diversifie elle-même, pour conserver toujours les graces de la nouveauté. Ici un amphithéatre verdoyant embellit de riches collines; à leurs pieds, est un gazon émaillé de fleurs. Là, je vois des vergers chargés de fruits, des ruisseaux qui serpentent dans la plaine, une moisson ondoyante qui flotte au gré des zéphyrs; des guérets rembrunis & & parsemés sur le superbe tableau de la nature qui en relevent les beautés. Ailleurs, une forêt immense s'éleve avec fierté vers les Cieux; à côté, un fleuve roule majestueu-

ſement ſes eaux ; plus loin, une
mer orageuſe frémit dans ſes grot-
tes profondes ; des monceaux de
neiges ſe perdent dans les nues ;
des rochers eſcarpés entourent des
précipices , & contraſtent avec la
perſpective riante des campagnes.
Jamais la nature ne ſe répete ;
chaque point de vue , chaque
heure du jour , préſente une ſcène
nouvelle. L'orage gronde , les
vents ſe déchaînent , de ſombres
nuages obſcurciſſent le Ciel , les
nuées ſe fondent en pluie , bientôt le Soleil diſſipe l'orage , le
calme revient , la terre abreuvée
de la roſée du Ciel a quitté ſes ha-
bits de deuil , pour reparoître avec
de nouveaux charmes , & le jour

reparoit plus ferein que jamais. A
ce brillant tableau, fuccède bientôt un nouveau fpectacle, & lorfque la nuit a voilé les beautés de
la nature, il étale à nos yeux la
fuperbe tenture des Cieux.

Si pour faire fentir à l'homme
fa dépendance, Dieu l'a créé plus
foible que les animaux, il a fup-
pléé à fa foibleffe & à tous fes befoins par le plus riche de tous les
dons. Il l'a créé raifonnable ; & à
l'aide de fa raifon, l'homme invente les arts, il exerce fon empire
fur cette portion de la matiere,
que la nature femble avoir tout
laiffé exprès encore brute pour occuper le génie ; & par une puiffance qui reffemble à celle du créa-

teur, il la façonne, il combine, il édifie. Les pierres, les métaux obéissent au génie, pour multiplier les secours, pour tempérer la rigueur des saisons, pour servir aux besoins & aux agrémens de la vie, pour embellir ses demeures, pour préparer ses alimens. Les animaux féroces s'enfuient dans les forêts; d'autres viennent se courber sous sa main, veiller à sa garde, partager ses travaux, le nourrir de leur lait, l'habiller de leur toison, amuser ses loisirs. Les infirmités qui l'avertissent de son insuffisance, lui font chercher un appui : & il trouve à côté de lui ses semblables. Ayant les mêmes infirmités & les mêmes besoins, ils cherchent les mêmes secours. Dieu leur a donné à tous un père commun, pour les engager à s'entre - secourir comme les enfans d'une même famille. Il a formé lui-même les premiers liens de la société, en bénissant l'alliance sacrée de l'homme avec la femme. Par cette premiere alliance, chaque famille devient bientôt un petit peuple. Ces petits peuples, trop foibles encore, se rapprochent, ils se réunissent en corps de nation ; & de leurs forces réunies, il résulte une puissance supérieure qui dompte la férocité des animaux, qui lutte contre la fureur des élémens, qui multiplie les richesses & les agrémens de la vie. Ainsi par une admirable économie de cette éternelle sagesse, qui veille avec tant de bonté sur tout le genre-humain, la conviction de sa propre foiblesse, devient pour l'homme la source de sa plus grande force; & le sentiment de ses infirmités ou de ses besoins, produit autour de lui tous les tréfors de l'abondance.

Mais la loi de la nécessité n'étoit pas encore assez puissante, ni assez digne de l'homme raisonnable, pour cimenter les liens de la société. Dieu en assure la stabilité par la sainteté de sa loi. Il fait connoître à l'homme la justice; il lui fait un commandement d'ai-

mer : il allume dans le cœur, non
ces flammes impures qui le souil-
lent , qui l'aviliffent ; mais les
rendres affections d'une amitié
douce & compatiffante, qui inté-
reffe les hommes à leur mutuel
bonheur. Il entretient entr'eux le
commerce des penfées, par le don
de la parole : il parle lui-même
au fond de l'ame , par les fentimens de l'humanité. Les cris de
l'homme fouffrant , les pleurs de
l'enfance au berceau , les gémif-
femens de l'indigence , les infirmités de la vieilleffe , font la voix
puiffante de la nature qui parle
au cœur de tous les hommes. Il
faut que l'homme apporte des fecours, ou qu'il détourne la vue

& qu'il s'enfuie, pour fe dérober
aux fentimens de la compaffion,
qui le forcent à partager les fouf-
frances des malheureux. Ta charité elle-même, ô mon Dieu,
ta charité, cette fille du Ciel qui
fait la félicité de tes bien-aimés
dans ta gloire, defcend fur la
terre, & vient purifier, exalter,
annoblir les fentimens de la nature, par les flammes céleftes de
ton efprit & par le grand intérêt
de tes récompenfes.

C'eft ainfi, ô divin Créateur,
que les tréfors de la nature & les
bienfaits des hommes deviennent
également les dons de ton amour.
Oui, c'eft toi, père faint, c'eft toi
qui commande à l'univers de veil-

ler à la confervation de mes jours ;
c'eft toi qui prodigues fur la terre
les tréfors dont elle m'enrichit ;
toi qui infpires à mes femblables
les fentimens de la commifération
qui les appellent à mon fecours.
O charité unique ! charité uni-
verfelle ! fource féconde de tout
bien ! Principe vivant de tout
amour chafte ! à quel titre pou-
vois-je donc efpérer tant de bienfaits ? Hélas ! je n'étois encore
rien, lorfque tu me diftinguois
dans le néant parmi une infinité
d'êtres poffibles, pour me donner
la vie ; lorfque tu t'occupois de
moi, de mes befoins, de mon
bonheur ; lorfque ta fageffe tra-
çoit le plan de tes miféricordes.

Je n'étois encore rien, lorfque, femblable à une mère tendre, qui entre déjà en follicitude pour l'enfant qu'elle va mettre au jour, tu commandois à la nature de tout difpofer autour de moi pour me recevoir. Qu'avois je donc fait pour attirer les regards de ta tendreffe ? Mais la raifon de cette immenfe charité, que tu ne pouvois trouver dans les mérites d'un être qui n'exiftoit pas encore, tu l'as trouvée dans l'immenfité de ton amour, dans cette bonté généreufe, qui ne pouvoit convenir qu'à l'Être infiniment parfait. Bonté infinie de l'Être fouverainement bon, qui, jouiffant de la plénitude du bonheur & de la gloire au-dedans de lui-même, ne pouvoit aimer les hommes & les combler de biens, que pour les rendre heureux.

Mais quel souffle impur défole la terre ? Quelle main facrilége défigure & détruit les ouvrages du Créateur ? Des ardeurs brûlantes deffechent les campagnes ; de noirs frimats font périr les riches moiffons ; la fleur la plus brillante ne fait que fe montrer & difparoître ; les élémens qui fervent à mes befoins, travaillent auffi à ma deftruction ; la vieilleffe avec fes infirmités fe traîne à ma fuite , & me conduit au tombeau. Les peines & les maux font parfemés fur mes pas : point de bien sans amertume, point de jour sans nuages, point de plaisir sans dégoût. Pour un petit nombre d'heureux qui se plaignent encore de ne pouvoir l'être, que de malheureux, affligés de soucis & d'infirmités ! que d'autres tourmentés par les douleurs, ou livrés aux miseres de l'indigence ! La société est infestée par les crimes : l'injustice, la violence, l'envie, la haine brisent les nœuds les plus sacrés : la raison, au lieu de guider l'homme, se laisse séduire elle-même par des penchans déréglés, & l'égare presque toujours de sa route ; au lieu de le consoler, elle aggrave ses peines, par les soucis du présent ou par les inquiétudes de l'avenir ; au lieu d'agrandir son ame par la noblesse des sentimens, elle devient le vil Ministre des passions qui l'abrutissent. Quel est donc ce principe destructeur, qui attente ainsi avec tant d'empire à l'ouvrage du Tout-Puissant ?

Ah ! c'est ici, grand Dieu, que m'élevant à des vues supérieures, tu me découvres dans les désordres mêmes du monde, un nouvel ordre de Providence. Je ne considérois dans moi que cette portion sensible de moi-même, qui, vivant d'une vie mortelle, devoit être sujette aux infirmités d'une nature fragile , & aux impressions d'un monde visible. Mais cette noble portion de moi-même, émapée de toi, cette ame douée d'intelligence, capable de connoître & d'aimer, que tu éclaires de ta lumière, que tu appelles à l'immortalité, à qui tu parles par la voix de la confcience ; cette ame, qui devoit vivre dans un autre univers, & qui étoit deftinée à une autre fin, devoit être régie par d'autres loix, dirigée par d'autres moyens. La vie préfente n'eft qu'un paffage : la terre n'eft qu'un hofpice où j'habite le foir pour en fortir le matin ; & l'univers qui publioit ta bonté, devoit m'inftruire de mes deftinées. Les richeffes que tu avois prodiguées fur la terre, m'avoient annoncé, grand

Dieu, l'immenſité de ton amour; mais tu les fais diſparoître, pour m'apprendre que les richeſſes de la terre ne ſont pas dignes de fixer mes deſirs. Tu avois fait ſortir de la pouſſière toutes les beautés de la nature, pour me faire ſentir la toute-puiſſance; & tu les fais rentrer dans la pouſſière, pour me faire ſentir leur fragilité. Tu m'inſtruis de la vanité de ce monde par la briéveté de la vie; tu détrempes des amertumes dans les plaiſirs, pour me forcer à chercher ailleurs le repos; tu punis les excès de la ſenſualité, pour me prémunir contre l'abus de tes dons. Les élémens, lorſqu'ils attriſtent mes jours, m'annoncent que, mi-

niftres de ta bonté, ils font encore
tout prêts à fervir tes vengeances.
Les biens de la terre, prodigués à
un petit nombre d'heureux, & répandus indiftinctement fur le globe, publient que la récompenfe de
la juftice eft réfervée à une autre
vie. Les vices des uns rehauffent
la vertu des autres; leurs foibleffes
me font fouvenir de ma propre
fragilité , & m'empêchent de
mettre ma confiance dans le bras
de l'homme.

C'eft ainfi, ô mon Dieu, que,
tempérant le bien par le mal , fe-
lon les vues de ton infinie fageffe,
tu m'empêches tantôt de fuccom-
ber dans les peines, tantôt de me
laiffer enivrer par les plaifirs. C'eft

ainsi ue les souffrances qui exci-
tent ma sensibilité, deviennent,
dans un ordre supérieur, des bienfaits de ta bonté suprême ; que ta
miséricorde , semblable à une
mère tendre , me prémunit de
tous côtés contre les précipices qui
m'entourent, pour me tourner vers
le seul bien qui peut me rendre
heureux. Oui , c'est ce même Dieu
qui règne avec tant de gloire dans
les cieux , ce Dieu qui est le principe de tous les êtres, la source de
tout bien, de toute justice ; c'est
ce Maître souverain , qui habite
une lumière inaccessible, qui commande à l'univers , & dont l'univers publie la grandeur; dont la
gloire éblouit les intelligences ,

dont la puiſſance donne à tous le
mouvement & la vie, dont la
majeſté éclipſe la ſplendeur des
aſtres, dont la voix puiſſante fait
frémir les enfers ; c'eſt ce même
Maître qui arrête ſur moi des regards de complaiſance, qui dai-
gne s'occuper de mes beſoins &
de mes maux, & qui ordonne
tout pour mon plus grand bonheur. Mais non, ce n'eſt plus un
maître qui commande ; c'eſt un
père qui chérit, c'eſt un père qui
s'attendrit ſur les foibleſſes & les
périls de ſon enfant. Ah! pour
franchir ainſi les eſpaces immenſes qui me ſéparent de toi, il falloit une bonté immenſe comme
toi-même; il falloit un amour qui

égalât, par sa générosité, l'excellence de ta nature ; il falloit être Dieu, pour m'aimer comme un Dieu m'aime.

Que ferai-je donc, Père saint, pour correspondre à tant d'amour? les grands de la terre demandent beaucoup, & ne donnent que peu ; tu nous donnes tout, & tu ne demandes que ce que l'enfant, ce que le pauvre, ce que tous les hommes peuvent donner : tu ne demandes que l'amour. Pour te glorifier, il ne faut que t'aimer ; pour te rendre grâces, t'aimer ; pour tout obtenir de toi, t'aimer ; pour te posséder, t'aimer de cet amour qui doit me mettre en possession de toi même. Pour l'amour d'un Dieu, l'amour d'une foible créature ; hélas ! quelle autre offrande pourrois-je faire à mon Dieu ? Eh ! qu'est-ce encore que le cœur de l'homme ! Mais ce cœur, tout imparfait qu'il est, tu daignes l'accepter. Falloit-il après cela, Père saint, falloit-il me commander de t'aimer ? Qui devroit être jaloux d'un cœur assez ingrat pour te refuser le doux tribut de l'amour ? Oui je t'aimerai, ô le plus tendre, ô le plus aimable de tous les pères ; je t'aimerai de tout mon cœur, de toute mon ame, de toutes mes forces. Je me jeterai dans ton sein paternel, avec toutes mes sollicitudes. Celui qui de toute éternité a tout dispoposé pour mon bonheur, négligeroit-il de pourvoir à mes besoins? oserois-je murmurer, lorsqu'il m'afflige? Pourrois-je balancer encore entre la faveur des hommes, & la protection d'un Dieu? Que pourroient me donner les hommes, qui ajoutât au bonheur que tu m'as promis? Redouterai-je encore leur puissance, quand tu feras mon défenseur? Voudrois-je prendre ma propre volonté pour guide, quand ta main me conduit? Quelle voie plus sûre pour arriver au bonheur, que la route que tu me traces? Voudrois-je mettre ma propre sagesse à la place de la sagesse éternelle? Voudrois-je l'interroger, quand

il

il faut obéir ? Ah! tout ce qu'il m'importe de savoir, pour calmer mes inquiétudes, pour adoucir mes peines, pour m'inspirer une pleine confiance, tout ce qu'il m'importe de savoir, il me l'a déja dit; ses bienfaits me le répètent sans cesse; c'est que tous ses desseins sur moi sont des desseins de miséricorde. S'il me cache le reste; c'est que je ne dois rien savoir de plus, pour arriver au bonheur; c'est que je dois le glorifier aujourd'hui par la foi, & que le jour des grandes révélations n'est pas encore arrivé : ce jour où se manifestant sans nuages, il développera, aux yeux de l'univers, l'économie de ses infinies miséricor-

F

des, & les routes secrètes de son amour. O jour heureux de paix & d'allégresse, où semblable à un rayon de lumière qui réfléchit vers son principe, mon ame ira se perdre dans la splendeur éternelle d'où elle étoit sortie! O chastes délices! O récompenses célestes de la charité! O félicité éternelle de l'amour divin! mon esprit ne sera jamais assez grand pour te comprendre ; mais mon cœur sera toujours trop grand pour trouver jamais le repos hors de toi.

## DIXIEME MÉDITATION.

### Pensées du matin.

*Je suis la sagesse.... J'aime ceux qui m'aiment, & ceux qui dès le matin lèvent les yeux vers moi, me trouveront.* Prov. 8 , ꝟ. 12 , 17.

Les heures du jour ont ouvert les portes de l'Orient ; les zéphirs éveillent la nature ; le chant des oifeaux annonce le lever de l'aurore ; le flambeau du ciel embrafe le firmament de fes feux, & colore la terre de fes rayons. Ames chaftes, vous qui connoiffez les

délices de la vertu, vous qui re-
pofiez en paix dans les bras du
fommeil, vous vous éveillerez
dans la joie, au retour de l'aurore.
Point de nuage qui obfcurciffe la
férénité du nouveau jour. Toutes
les créatures afservies malgré elles
à l'iniquité des hommes, vous appellent à ce moment, pour rendre
hommage à leur Auteur. Soumifes
à fes loix fuprêmes, elles vous invo-
quent comme leurs pontifes facrés,
pour le remercier des dons qu'ils
ont reçus pour vous; offrez-lui en
ce moment l'hommage qu'elles ne
peuvent lui rendre elles-mêmes.
Que ces hommes barbares qui
cherchent les ténèbres pour cou-
vrir leurs forfaits, aillent fe cacher

dans les antres affreux, avec les animaux cruels dont ils ont la férocité, & laissent respirer les humains. Les ténèbres qui les cachoient aux yeux des hommes, n'ont pu les dérober à leurs propres remords. L'innocence repose entre les bras du sommeil : le crime ne connoît point de repos. Dans le silence de la nuit, le cri de la conscience se fait entendre à eux : elle leur montre l'affreux tableau de leur ame, elle les déclare coupables, elle les a punis. Livrés aux regrets, au désespoir, à toutes les convulsions d'une guerre intestine, ils n'ont pu se souftraire au supplice des remords, qu'en succombant enfin à un engourdissement qui leur a fait oublier leur propre existence. Mais les furies vengeresses qui s'étoient assoupies avec eux, se sont éveillées avant eux, toutes prêtes encore à venger la vertu outragée; & le premier sentiment de leur existence sera la douleur d'exister. Heureux encore si la conviction de leur propre malheur, leur fait abandonner enfin la voie qu'ils ont prise. Mais hélas! au lieu de calmer leurs remords par des regrets, ne voudront-ils pas les étouffer encore, en s'abandonnant à leur délire? Au lieu de profiter du jour qui leur est donné pour effacer leur opprobre, n'aggrave-

ront ils pas leur fort par de nouveaux forfaits? Aveugles infenfés!
quand vous réfoudrez-vous donc
enfin à fortir de l'abîme ? Sera-ce
lorfqu'une plus longue habitude
oppofera une plus forte réfiftance
à vos foibles defirs? Sera-ce à ce
jour éternel , où ne voyant devant
vous, que la confcience qui vous
juge , & la loi qui vous condam-
ne , votre repentir ne fervira plus
qu'à faire votre tourment ? O défefpoir affreux ! ô deftinée épouvantable ! Renfermé dans encore
ma folitude , j'implore en ce moment pour eux , ô mon Dieu , tes
grandes miféricordes : je les implore pour moi-même. Ne per-
mets pas que je m'écarte jamais

de la voie que tu m'as tracée. Que je te bénisse à ce jour, de tous les biens que tu vas répandre sur moi. Que, pour accomplir ta volonté, je ne cesse d'étudier les desseins de ta Providence, dans les différentes situations de la journée que je vais parcourir. Les travaux & les servitudes de mon état, sont un joug que tu m'imposes ; je les supporterai avec courage. Les hommes que je verrai autour de moi, sont tes enfans ; j'apprendrai de toi-même à leur faire du bien, & à les supporter, à détester les vices de l'homme, à aimer l'homme coupable, & à vaincre sa haine par des bienfaits. Hier je trouvai des épines sur ma route. La carrière que je commence sera parsemée de nouvelles épines , & j'imposerai silence aux murmures de l'amour-propre. O toi qui connois les tentations & les périls qui m'attendent ; toi qui peux seul m'en garantir , veille toi - même , ô mon Dieu , à côté & au-dedans de moi : Sois mon protecteur & mon guide. Apprends-moi à chaque instant , ce que je dois faire , donne-moi la volonté de t'obéir ; & si jamais je devois avoir le malheur de t'offenser , arrête-moi à ce moment fatal ; tonne , frappe & préviens , en tranchant le fil de mes jours , le plus grand malheur de ma vie.

# ONZIEME MÉDITATION.

## De la Providence.

*Ta droite, Seigneur, m'a soutenu ; ta loi m'a corrigé, & elle m'instruira. Pf. 17, ℣. 36.*

L'UNIVERS entier est l'Empire du Très-Haut. Les astres qui brillent dans le firmament, & l'insecte qui rampe à mes pieds, la magnificence des cieux, comme l'atôme qui voltige dans les airs, les créatures insensibles, celles qui respirent, tous les êtres sortis de ses mains, doivent être de son domaine. N'ayant pu commencer que par sa puissance, ils ne peuvent continuer à exister que par sa volonté ; ils ne peuvent avoir que ce qu'ils ont reçu de sa bonté ; ils ne peuvent être gouvernés que par sa Providence. Mais quel est donc ce vaste Empire où règne le Très-Haut avec tant de majesté ? Quel est donc ce Royaume universel qu'il gouverne avec tant de sagesse, dont il dirige tous les ressorts avec tant d'harmonie ? Mon imagination veut en parcourir les régions, en mesurer les espaces, en connoître les bornes. Je m'élance dans les airs, je plane dans les nues, j'arrive dans les Cieux, & déjà la terre a disparu à mes regards. Mais le vaste atmosphère qui m'environne n'a plus de limites ;

une infinité de mondes nouveaux flottent dans cet immense océan. Je traverse : une multitude d'étoiles se présentent à moi : elles s'aggrandissent ; elles sont des soleils ; je les laisse derrière moi. Un million d'autres s'offrent à mes yeux, je les passe. De foibles étincelles percent de loin à travers les voûtes du firmament. J'approche : elles sont devenues de nouveaux soleils. Une multitude prodigieuse d'autres nage dans l'immensité des Cieux ! Quelle sera donc la multitude des mondes que ces éclairent ? la multitude des créatures que ces mondes renferment ? Quelle sera leur maniere d'exister, de se reproduire, de se gouverner? Quelle sera la durée des régions qu'elles habitent? La raison humaine se confond; mais l'intelligence divine règne par-tout avec la même gloire; la sagesse éternelle domine surtout avec une égale puissance, pourvoyant par-tout à la conservation des êtres, & veillant sur eux comme si chacun d'eux étoit le seul être commis à ses soins. Elle commande, & les soleils, les mondes, les cieux, la terre existent; elle commande, & ils ne sont plus.... Je poursuis ma course, je me hâte; je veux arriver aux bornes de l'univers, & les bornes de l'univers reculent. Je parcours toutes les régions, je me perds dans les espaces ; & j'ignore encore le chemin qu'il me reste à parcourir.

Ne pouvant atteindre à la dernière chaîne des êtres, je descends sur la terre, & je m'efforce d'en saisir le premier chaînon. J'apperçois à mes pieds un grain de sable ; ce grain de sable, je le prends, je le considère, j'emprunte le secours de l'art pour aggrandir ma vue ; & ce grain de sable devient un rocher. J'entrevois dans ce rocher un être vivant, qui végète ; & mille autres insectes y sont peut-être logés avec lui. L'animal imperceptible est pourvu d'organes, d'artères, de viscères, de tous les agens nécessaires à la nutrition.

Combien ces agens doivent ils être petits! Combien les globules nutritifs qui les alimentent, doivent ils être plus petits encore! l'insecte, que je n'avois apperçu qu'à l'aide d'un foyer de lumière, devient lui - même un monstre, & le grain de sable une montagne. Eh! qui m'assurera que ces atômes infiniment petits, finissent la chaîne des êtres? Peut être suis-je encore aussi éloigné du premier chaînon de la création, que je l'étois du dernier. Dussé-je diviser les moindres corpuscules à l'infini, je ne parviendrai jamais au point limitrophe du néant. Les plantes & les fruits sont autant de petits mondes, peuplés d'êtres vi-

vans. Tous ces êtres font confor-
més avec une égale précifion ; leur
ftructure eft proportionnée à la nature de leurs efpeces. Aucun qui
n'ait fa deftination particulière, &
fa nourriture affignée : aucun qui
n'entre dans le plan général de la
création ; & qui depuis le commencement de fon exiftence , juf-
qu'au moment de fa deftruction ,
ne foit gouverné par les foins de
la Providence. Les petits mondes
qu'ils habitent , font détruits ,
leurs habitans périffent ; mais le
Créateur a réglé que leurs efpeces
ne périroient point ; & ni le feu
du Ciel , ni les fléaux de la terre,
ni les révolutions qui engloutif-
fent les montagnes & bouleverfent

l'univers, rien ne peut interrompre la chaîne de leur génération, rien ne peut ni les faire dégénérer, ni extirper les germes imperceptibles qui se perpétuent & qui se reproduisent constamment, quand tout le reste périt.

Mais l'Etre créateur qui remplit le ciel de sa gloire, & qui voit l'univers à ses pieds, abaissera-t-il ses regards sur l'insecte échappé au néant, sur l'atôme qui voltige dans les airs ? daignera-t-il en ordonner la structure, en considérer, en régler les opérations ? Oui le Créateur doit tout voir, tout gouverner, puisqu'il a tout créé. Les êtres les plus imperceptibles ne sont pas moins vi-

fibles que l'aftre le plus radieux ,
aux yeux de celui qui étant infiniment grand , voit tout infiniment
petit. Non, la petiteffe des êtres ne
fauroit les dérober aux regards de
celui à qui rien ne peut être in-
connu, au domaine fouverain de
celui à qui tout doit être foumis ;
& qui n'ayant rien créé fans mo-
tif, doit tout diriger vers la fin
qu'il lui a marquée.

Dans cette vafte folitude, où les
troupeaux n'ont jamais brouté,
croît une plante qui fe dérobe à
l'œil du voyageur. Mais cette
plante a des fibres, une tige, des
fleurs, des feuilles, des racines,
toute l'organifation néceffaire pour
végéter, pour croître, pour fe pro-

pager. Tout est dessiné, tout est ordonné avec symétrie, tout est arrangé avec des proportions que le génie le plus sublime ne sauroit imiter. La terre l'alimente dans son sein ; le soleil la vivifie de sa chaleur ; le ciel verse sur elle sa rosée. Elle est donc sous l'Empire du Créateur, puisqu'il est du domaine de sa Providence.

Dans un autre ordre des choses, la Providence se trace un nouveau plan. L'animal qui n'existe que pour la terre, trouve sur la terre, tout ce qui est convenable à sa nature ; & lorsqu'il a fourni sa carrière, il périt pour toujours. Conduit par l'instinct, il vit sans connoître le prix de la vie : il meurt fans éprouver les horreurs de la mort ; parce qu'il n'eft pas créé pour être immortel. Mais à l'homme doué d'intelligence, & capable de vertu ; mais à cette ame qui penfe, qui raifonne, qui aime, qui rappelle le paffé, qui fe tranfporte par la penfée dans tous les pays, & dans tous les fiècles, qui parcourt d'un clin-d'œil, la vafte étendue des Cieux, qui dompte les élémens & les bêtes féroces, qui exerce une forte d'empire fur l'univers, & s'élève jufques dans le fein de Dieu même ; à cet homme il lui faut d'autres biens, & des moyens affortis à la dignité de fa nature. La brute qui ne vit que pour la terre, est satisfaite de la pâture du moment. L'homme né pour le ciel, se dégoûte de tout, & desire sans cesse sur la terre; ses dégoûts & ses desirs l'avertissent également qu'il n'a pas encore trouvé le bien qu'il desire, qu'il n'est pas encore parvenu au but qu'il doit atteindre. L'impie qui prétend dominer sur les conseils du Très-Haut, aura beau vouloir, par un contraste frappant, s'assimiler aux brutes, transformer sa raison en instinct, & invoquer le néant pour vivre comme elles, sans remords & sans crainte : je reconnois, à la bassesse de son ame, la punition de son orgueil. Il a déjà vengé sur lui-même, en se dégradant, la divinité qu'il a outragée; mais il n'étouffera jamais en lui, le desir de vivre. Lui qui traîne dans la boue, les tristes jours de sa vile existence, il se formera un avenir imaginaire dans le souvenir des hommes, où il voudroit encore exister. Projets insensés ! hélas ! *il n'a semé que du vent, & il ne recueillera que des tempétes* ( 1 ). Le juste appellé à une autre destinée, dédaigne la terre. Formé à la ressemblance de Dieu, il aspire à la possession de Dieu même. Un Etre souverainement parfait auroit-il créé un être rai-

---

[1] Osée. 8. ⅴ. 7.

sonnable sans vouloir le rendre heureux ? Voudroit-il le rendre heureux sans lui donner le moyen de le devenir ? Capable de le connoître, puis-je refuser de l'aimer ? Puis-je l'aimer sans desirer de le posséder, & si le dessein de le posséder n'est point une illusion, s'il devient un devoir ; un Dieu infiniment juste peut-il refuser de l'exaucer ? Je desire le bonheur, je redoute le néant. Ces sentimens qui sont dans la nature de mon être, qui sont irrésistibles , viennent donc du Créateur ; & le Créateur pourroit-il tromper des desirs qu'il inspire, sans contredire ses perfections infinies ? Quel autre même qu'un Dieu souverainement juste, pourroit dignement récompenser la justice qu'il commande ? L'homme qu'il a distingué par tant de qualités éminentes, seroit-il donc le seul être discordant dans l'univers, n'ayant aucune fin assortie à la dignité de sa nature, aucun moyen de parvenir à sa destination ? Non, non, grand Dieu, & ta divine Providence me trace dans un nouvel ordre de choses, la route qui doit me conduire à ma fin. Ce n'est plus l'impulsion d'une organisation animale, c'est un flambeau céleste, c'est la raison émanée de ta divine lumière, qui doit me servir de guide. Ce n'est plus à l'instinct, c'est à la vérité,

c'est

c'eſt à la conſcience, c'eſt à ta loi ſainte, c'eſt aux inſpirations de ton eſprit, à commander ; c'eſt à cette même Providence toujours également ſage, dans le gouvernement des êtres intellectuels, comme dans le gouvernement des êtres ſenſibles ; à cette Providence adorable, qui proportionnant toujours les moyens à la fin, renferme les deſirs des créatures terreſtres, dans la ſphère du monde viſible, & donne des aîles à mon intelligence, pour lui faire prendre l'eſ-fort vers l'immortalité, par la voie de la vérité & de la juſtice.

O heureuſe immortalité ! mes deſirs volent au-devant de toi ;

mon cœur se dilate, mes vues s'é-
tendent, mon ame s'aggrandit.
Je me laisse enyvrer à ton aspect,
par l'espoir de tes chastes délices :
je crois déjà posséder le bien
que je desire. Non, mon Dieu,
je ne craindrai pas de t'offenser
par la présomption, en avouant les
dons que tu m'as faits, en aspirant
aux destinées que tu m'as promises.
Créé pour être ton enfant, j'outra-
gerois ta bonté suprême, si je ne
voulois plus être qu'un vil esclave ; si je voulois aboutir au néant,
quand tu m'appelles à l'immortalité, à cette immortalité que je
desire, que je vois devant moi, que
je vois au bord de la tombe. Il me
semble toucher déjà à cet instant

qui va la commencer. De-là, je
prolonge ma vue fur la durée
immenfe de cet avenir que je
vais parcourir. Je contemple tous
les fiècles; les fiècles commencent,
ils paffent. Des millions de fièeles
leur fuccèdent, & vont paffer de
même. Je regarde derrière moi, &
j'apperçois déjà loin de moi, l'ombre de ce monde où j'ai exifté, cette
ombre brillante que je diftingue à
peine, qui s'évanouit, qui eft un
fonge; & ce court efpace où j'ai vé-
cu, n'eft plus rien dans la durée immenfe des fiècles. Les grandes for-
tunes, les grands défaftres, les grandes révolutions, les grands Empires,
ne font plus qu'un point qui fe
rapetiffe encore toujours en s'éloi-

gnant. Voudrois-je donc circonfcrire toute mon exiftence, toute
la grandeur , tout le bonheur de
mon être, dans ce monde qui va
finir , dans ce court efpace de la
vie qui paffe , qui court, qui s'en-
vole, qui fe confond dans le tour-
billon immenfe des êtres , que
le monde ne voit plus, qu'il oublie, qui n'eft plus rien ? Me
laifferois - je encore enyvrer par
les profpérités du fiècle , qui
m'égarent ? Me laifferois-je encore abattre par les difgraces
d'un inftant qui doivent me
faire monter au plus haut des
Cieux !

Jofeph vendu par la jaloufie ,
accufé par une adultère, & jetté

dans les fers, Joseph a mieux aimé être calomnié que coupable ; & ne semble devoir à sa vertu, que des disgraces. Mais ses malheurs vont le conduire sur les marches du trône, pour y être le sauveur de l'Egypte, & le protecteur de ses frères. Jacob verra encore son fils bien-aimé ; Jacob le serrera encore entre ses bras ; & les yeux du vieillard mourant, qui avoient versé tant de pleurs sur la mort d'un fils qu'il croyoit mort, ne verseront plus que des larmes de joie de l'avoir recouvré. Le sort de Joseph sera le sort de celui qui préfère la haine du monde au malheur du crime. Persécuté, calomnié, opprimé, avili

comme lui, les humiliations qui
l'affligent, l'éléveront un jour au
faîte des grandeurs. La parole
de Dieu l'en assure, & le trône
qu'il doit occuper est le trône de
Dieu même. Que d'aveugles mortels se fatiguent désormais à former de grands projets sur la terre;
qu'ils volent au-delà des mers,
pour accumuler des trésors; qu'ils
franchissent tous les obstacles,
qu'ils échappent à tous les dan-
gers, qu'ils intéressent la vanité
des Grands, qu'ils subjuguent
l'opinion des hommes, qu'ils
captivent la fortune, & qu'ils s'ap-
plaudissent de leur sagesse. Hélas!
leur prospérité ne servira qu'à
tromper leurs désirs. Ils veulent

être heureux ; & ils ne feront
qu'aggraver leurs chaînes. Ils vo-
guent encore en pleine mer : où
s'arrêteront-ils enfin ? Leur deftinée eft à la merci des flots. Ils
croyent toucher au port ; & l'orage
va les brifer contre un écueil.
L'ami de Dieu va au vrai bonheur par une route plus fûre. Il
voit au-deffus de lui, la main
de la Providence qui lui trace
fa route. Il fe défie d'un calme
qui fera fuivi des tempêtes ; &
il vit en paix au milieu de l'orage.
Sous la conduite du pilote qui le
guide, l'orage même va le conduire
au port. Là, les fombres nuages
qui attriftent la nature fe diffipent,

& laiſſent briller enfin un jour
ſerein qui ſera déſormais le jour
éternel du repos.

Craindrois-je donc encore,
ô mon Dieu, de mettre ma volonté entre les mains de ton
adorable Providence? Voudrois-
je faire changer tes ſuprêmes
décrets? Le préſent tient à une
chaîne d'événemens que j'ignore.
La voie où je voudrois marcher,
ne me conduiroit-elle pas à de
funeſtes écueils? Qui pourroit
mieux connoître mes beſoins que
toi-même? ma ſeule crainte doit
être de contredire ta volonté
ſainte. Le méchant dans la proſ-
périté, le juſte dans la diſgrace,
la vérité repouſſée, l'innocence

dans l'opprobre, les vices répandus fur la face de la terre, m'apprennent que la terre n'eft point le féjour de la juftice; que l'homme ne fera ce qu'il doit être, que dans une vie à venir; & au lieu d'ébranler ma foi, les défordres qui ravagent la terre, ne feront que ranimer mes efperances. Je marcherai, Père faint, d'un pas affuré, fous les aîles de ta Providence, vers le terme où tu me conduis. Point de tempête qui m'effraye, point d'obftacle qui ne s'applaniffe. Que tout le frêle édifice de ma fortune s'écroule, fi des ruines de ma fortune, doit s'élever le grand édifice de mon éternité. La

G v

vertu suffisamment riche de son propre fonds, se trouve toujours au-dessus des biens de la terre. Elle use de ses biens fragiles quand tu les donnes ; elle te les abandonne quand tu les reprends. Le monde choisit ses héros parmi les heureux : la vertu compte les siens parmi les justes. Peut-être suis-je près du terme ; peut-être ai-je encore une longue carrière à parcourir ; peut-être encore bien des écueils à éviter. Mais celui qui me conduit par la main, m'a promis son assistance : & le Dieu qui m'inspire la confiance, ne trompera point mon espoir. Voudrois-je me rendre indigne de son amour par une criminelle

défiance ? & si je dois arriver
au terme que je desire, pourquoi m'inquiéter encore de la
route qui doit m'y conduire ?

## DOUZIEME MÉDITATION.

### Penſées du ſoir.

*Je verrrai, Seigneur, les Cieux qui ſont l'ouvrage de tes mains, la lune & les étoiles que tu as créées. Eh ! qu'eſt-ce que l'homme, pour que tu daignes te ſouvenir de lui ? ou qu'eſt-ce que le fils de l'homme, pour que tu daignes le viſiter. Pſ. 8, ℣. 4. 15.*

LE ſoleil vient de terminer ſa carrière ; mais cet aſtre brillant, après avoir diſparu à mes yeux, laiſſe encore ſon crépuſcule ſur

l'horifon ; & ce n'eft que par de-
grès qu'il retire enfin fa lumière.
A mefure qu'il s'éclipfe, un globe
lumineux & mille étoiles étince-
lantes viennent le remplacer dans
le firmament ; & fans interrompre
le repos de la nature , leur douce
clarté guide encore mes pas chan-
celans pendant la nuit. L'obfcurité
même de ma retraite qui ferme
l'entrée à la clarté du ciel , me
laiffe jouir d'un jour nouveau.
Mille rayons de lumière jaillif-
-fent d'un corps opaque; & comme
autant de nouveaux aftres , ils
viennent remplacer les aftres du
firmament. Je les recueille , je les
alimente , je m'en faifis, je m'en
fais fuivre , je les fixe pour éclairer

mon paisible séjour. Je les multiplie pour embellir ma solitude. Mon souffle les éteint; un autre souffle les ralume; bien-tôt c'est un foyer ardent, qui amuse mon loisir, & tempere la rigueur des frimats. Toutes les beautés de la nature ne seroient plus qu'un cahos pour l'homme, si l'homme restoit enseveli dans une profonde nuit.

Mais la lumiere qui est commune à tous les êtres vivans, ne suffit pas à l'homme raisonnable. Doué d'intelligence, il a besoin d'une autre lumiere pour connoître ses devoirs, pour distinguer la nature du bien qu'il doit chercher, & du mal qu'il doit fuir,

pour régler fes volontés, fes penfées, & perfectionner l'excellence
de fon être. Cette lumière eft la
vérité qui éclaire tous les efprits,
& la confcience qui parle à fon
cœur. Mais obfcurcie par les im-
preffions des fens, par les nuages
des préjugés & des paffions, la
raifon ne marche qu'à tâtons, &
ne peut voir que de bien près.
L'homme n'eft encore éclairé que
d'une foible lueur dans les ténèbres. Tu viens, Seigneur, au fecours de cette foible raifon, qui
s'égare. Ta parole fainte, comme
un rayon divin, échappé de ta lumière éternelle, forme une clarté
fuffifante pour l'éclairer dans les
ombres de la nuit, & la diriger

dans fa route. Ce n'eſt cependant encore que le crépuſcule du jour ; le ſoleil n'eſt point encore levé pour elle. L'homme qui marche aujourd'hui par la foi, ne doit voir aujourd'hui qu'en énigme. Mais cette même clarté ſi conſolante pour la vertu qui l'invoque, deviendra une lumière importune au méchant qui la redoute. Il avoit cherché les ténèbres de la nuit, pour ſe cacher aux yeux des hommes : il cherchera dans la nuit, les ténèbres des paſſions, pour ſe cacher à lui-même. Condamné par la voix de la conſcience, il voudroit en étouffer les reproches à force de forfaits. Il voudroit calmer ſes remords par le nombre des com-

plices ; il voudroit opprimer la vérité par l'opinion, & s'assurer l'im-
punité par la foule des coupables.
Ce n'est plus la raison qui règle son
cœur : c'est son cœur qui maîtrise
sa raison. Plus il avance , plus il
s'enfonce dans les ténèbres. Eh !
que lui restera-t-il donc dans la
sombre nuit où elle veut se plonger ? Hélas! un instinct brutal qui
ne voit plus que par les sens , &
qui se dégrade par les vices ; des
desirs inquiets , toujours mécon-
tents du présent, qui se repaissent
d'un espoir à venir : plus de route
connue pour assurer ses pas , plus
de lumière pour distinguer son véritable bien ; plus d'appui pour sou-
tenir sa foiblesse ; plus de remèdes

pour calmer ſes maux. Errant de tous côtés pour chercher le repos, & ſe précipitant dans tous les abîmes, pour éviter de voir, il ſe hâte d'arriver enfin à cet inſtant fatal, où la juſtice & la vérité ſe préſentant devant lui ſans nuage, & toute ſon ame ſe déployant alors à ſes yeux, le dernier ſouffle de ſa vie ſera un gémiſſement éternel de terreur & de déſeſpoir.

Cependant les heures de la nuit s'enfuient; elles s'envolent, & vont ſe confondre avec les ſiècles paſſés. Le Tout Puiſſant ne les fera point rétrograder, pour faire commencer à l'homme une nouvelle carrière. Elles s'enfuient; mais hélas! en roulant avec les tems, elles

viennent déposer toutes mes œuvres aux pieds de l'Eternel : **mes**
desirs , mes pensées, tout y est
écrit en caractères ineffaçables
dans le grand livre des jugemens,
dans ce livre immortel qui va s'ouvrir enfin en présence de l'univers,
pour juger les justices, & régler
mes destinées.

Heureux l'homme, ô mon Dieu,
qui prévenant ce jour redoutable ,
prend ta parole sainte pour guide,
pendant le cours de cette nuit obs-
cure qui se prolonge vers l'éternité.
A la faveur de ce flambeau céleste,
il apperçoit le terme où il doit arriver , la route qu'il doit tenir , les
écueils qui l'environnent. Il distin-
gue les illusions qui séduisent , &

fantômes qui effraient. Il ne connoît qu'un seul bien digne de lui, Dieu & sa justice. Il sent qu'il ne peut s'ennoblir, que par la vertu qui t'honore ; qu'il ne peut se dégrader que par le vice qui t'outrage ; que le prix de la vertu ne peut dépendre des caprices du sort, ni de la volonté des hommes ; & il va te chercher par la pensée, au milieu des ombres de la nuit, dans le séjour de la sainteté où tu reposes. Il lit sur la voûte azurée du firmament, la gloire de celui qui règne dans les Cieux. Il regarde de loin, avec une douce confiance, ce jour resplendissant de ta gloire, où repliant tout-à-coup les voiles qui la couvrent, la vérité sortie de ton fanctuaire, éclipfera l'aftre du jour, & diffipera tous les nuages. Son cœur foupire après ce moment heureux, le ciel femble s'ouvrir à fes defirs. Un Roi plein de majefté l'invite du haut de fa gloire ; & femblable à un jeune aiglon, fon ame s'excite d'avance à prendre l'effor vers le fanctuaire de l'Eternel. Le Monarque de l'univers eft affis fur un trône de lumière. C'eft le Maître fuprême qui règne fur un peuple de faints : c'eft le Roi de juftice qui a vaincu la mort : c'eft le Conquérant glorieux qui a brifé les portes de l'enfer, qui eft entré dans fon Royaume par la croix, qui réunit tous les cœurs par la charité, qui eft venu s'asseoir sur le trône de l'éternité avec l'empire de son Père céleste. Ah! il est tems de quitter la terre, de voler vers lui, de contempler le superbe Empire de ce nouveau Monarque. Les merveilles de la nature, qui publioient sa magnificence, n'étoient que les jeux de son infinie sagesse, & comme les préludes du grand ouvrage de sa rédemption. Les mystères de la nature étoient restés voilés, pour ne pas fixer mes regards sur la terre. Dans l'empire qui va commencer, le Dieu de l'univers qui doit remplir toutes les puissances de mon ame, va se manifester dans la plénitude de sa gloire. Ce n'est plus un monde terrestre, c'est un monde spirituel qui se présente à mes yeux, c'est l'homme régénéré par l'esprit de Dieu ; c'est la splendeur des sublimes intelligences, dont les différens ordres se raprochent toujours plus de leur auteur à proportion de leur excellence. C'est le temple auguste qui doit porter l'empreinte du Créateur, non plus par le brillant coloris de l'argile, mais par la connoissance, par l'amour, par les grandes vertus, qui font une imitation de ses perfections divines, & qui se diversifiant à l'infini dans ses saints, sans pouvoir jamais épuiser les traits de ressemblance, font une image sublime de l'Etre infiniment parfait. C'est

par l'offrande du cœur & de l'ef-
prit, la feule offrande digne du
Dieu de fainteté, qu'il doit être glo-
rifié au milieu de cette cour fainte :
où il veut régner dans toute fa gloire. L'intervalle immenfe qui reftoit
entre le Créateur & fes créatures,
un Médiateur célefte l'a déja fran-
chi. Après avoir rendu à fon pere
le tribut d'obéiffance qui égaloit
la majeft: de l'Etre fuprême, Jéfus-
Chrift a été confacré par fon fang,
le Monarque fouverain de l'Empire des Cieux. Dieu & homme
tout enfemble, il eft devenu le
centre de communication qui réunit tous les êtres intelligens avec
fon Père célefte. Tous font devenus
dans le Ciel, les membres de fon

corps

corps myſtique. Il les a régénérés par la charité ; en les aſſociant à ſes mérites, il les fait tous participer à ſa gloire. En qualité de Souverain Pontife, il porte au trône de l'Eternel, l'offrande de leurs adorations, il fait deſcendre ſur eux, l'effuſion de ſes graces ; & de cet aſſemblage majeſtueux de dons, de vertus, de mérites, qui brillent dans eux, réunis à ſes propres mérites, il conſtruit le plus ſuperbe de tous les édifices. Edifice ſacré, dont les pierres vivantes, placées ſelon l'ordre de la juſtice, éclairées des rayons du Ciel, toutes reſplendiſſantes d'une vertu particulière, liées enſemble par la charité, environnées, pénétrées de la gloire de Dieu même, & affifes fur les bafes de l'immortalité, compofent le fanctuaire augufte, où la lumière eft fans nuage, le bonheur fans trouble, la poffeffion fans fin; où Jéfus-Chrift repofe avec fes Saints, où l'Eternel, repréfenté par la parfaite reffemblance de fon Fils unique, & par les vertus de fes bien-aimés, déploie toutes les richeffes & la magnificence de fa gloire. Les merveilles de la nature n'étoient qu'un édifice d'argile brillanté par la magie des fens, & comme l'échafaudage du temple majeftueux où règne aujourd'hui avec fon Pere, le Fils unique de l'Eternel. Ce n'étoit que relativement à ce grand ouvrage, que la suprême sagesse avoit réglé l'ordre de l'univers, les révolutions des tems, les destinées des Peuples & des Empires. Là, le juste ignoré du monde , devient un ornement dans les Cieux. Là , le grand du monde n'a plus d'autre rang , que celui que lui ont assigné ses vertus; & le Monarque lui-même est exclu de la salle du festin , s'il n'est revêtu de la robe nuptiale. Là, ma place est marquée dans la société des Saints. Le Fils de Dieu m'y appelle du haut du Ciel : du haut du Ciel il me tend les bras; mériterai-je par ma lâcheté, que ma place soit donnée à un autre? Citoyen de l'éternité, ramperai-je encore sur la terre? Eh que sont tous les Empires de la terre, pour celui qui doit occuper un trône dans le Ciel ? Voudrois-je donc être moins grand, ô mon Dieu, que tu n'as voulu que je le fuſſe ? M'appellant à ton Empire, tu m'entoures de tes graces, & tu remets ma deſtinée entre mes mains. Toute la puiſſance des hommes ne ſauroit la faire changer : moi ſeul je peux mettre obſtacle, par la perverſité de mon cœur, aux deſſeins de ta miſéricorde. Voudrois-je m'arrêter ſur ma route, lorſque tu m'invites à monter dans le Ciel ? Voudrois-je faire changer mes deſtinées, quand tu me promets ton Royaume ? & ſerois-je encore affez ennemi de moi-même, pour me mettre l'unique obstacle qui s'oppofe à l'accompliffement de mon plus grand bonheur?

## F I N.

# TABLE

## *DES MÉDITATIONS*

contenues dans ce Volume.

---

## APPROBATION.

J'Ai lu, par ordre de Monseigneur le Garde des Sceaux, un Manuscrit qui a pour titre : *Le Sage dans la solitude ;* & je n'y ai rien trouvé qui m'ait paru devoir en empêcher l'impreffion. A Paris le 6 Février 1787.

DELAHOGUE.

www.ingramcontent.com/pod-product-compliance
Ingram Content Group UK Ltd.
Pitfield, Milton Keynes, MK11 3LW, UK
UKHW021636170726
13836UKWH00005B/2219